中公新書　2030

榎本泰子著

上　　海

多国籍都市の百年

中央公論新社刊

目次

凡例

・引用文中の漢字は原則として現行のものに改めた。
・引用文中の［ ］は引用者による補足である。
・ルビは引用を含め適宜振った。特に上海の主要な地名や一部の固有名詞は、上海語音に基づいてカタカナでルビを振った。

ただし以下の地名のみ、日本人によく知られた読み方を採用した。
虹口《ホンキュー》　※上海語音は「オンコー」、標準語音は「ホンコウ」

また当時の慣用的な言い方に従い、広東語や英語由来の表記を採用した場合がある。
〈例〉永安《ウィンオン》デパート　※広東語音に由来

その他の中国人名・地名等については、基本的に日本語の音読みとし、特定の人名に限って括弧内に中国語標準語音を示した。
〈例〉聶耳《じょうじ》（ニエ・アル）

・敬称は略した。

上海

多国籍都市の百年

中国要図

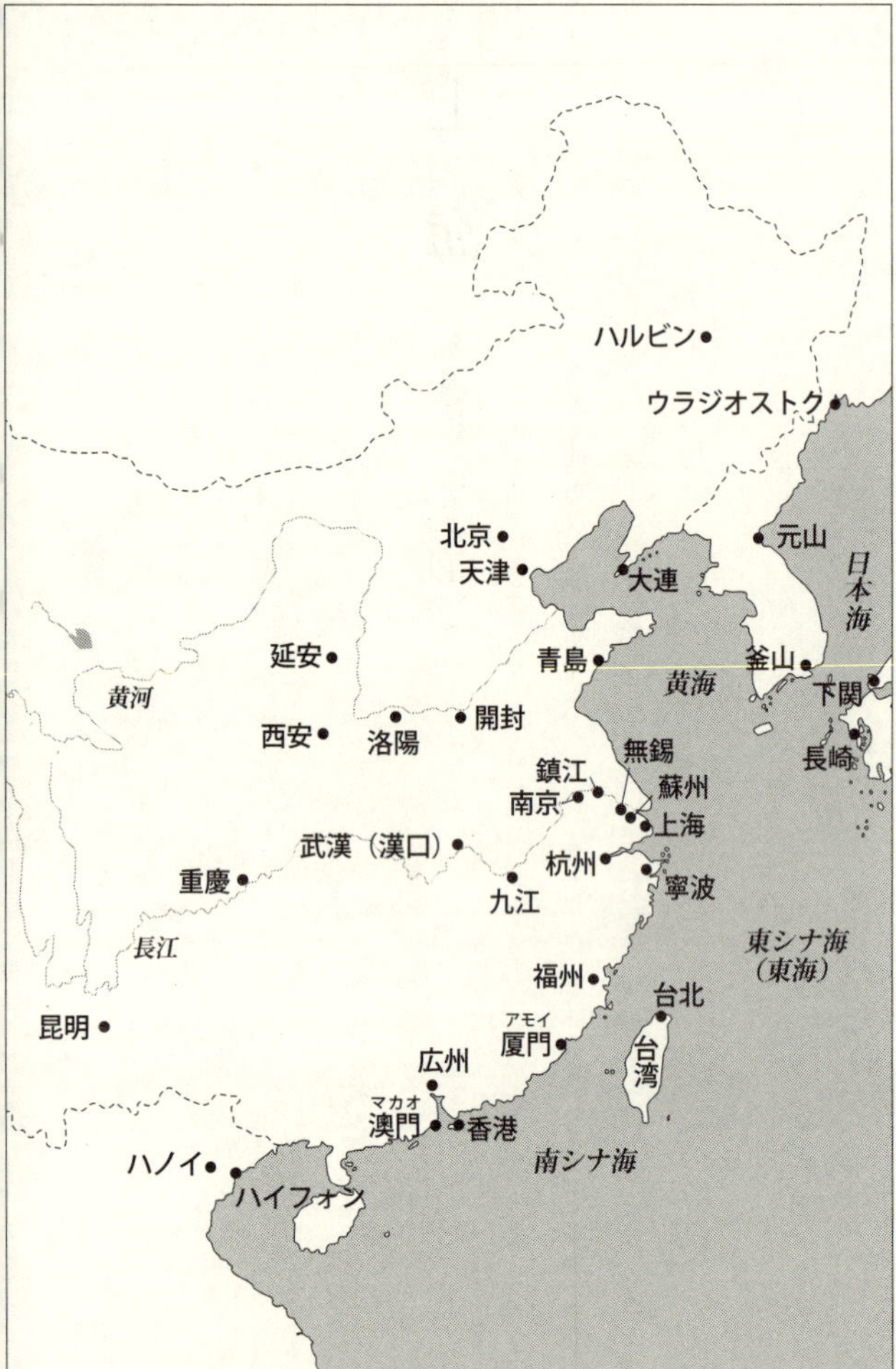

ハルビン
ウラジオストク
北京
天津
大連
元山
日本海
延安
青島
釜山
黄河
黄海
下関
西安
洛陽
開封
無錫
長崎
鎮江
蘇州
南京
上海
武漢（漢口）
杭州
重慶
九江
寧波
長江
東シナ海
（東海）
福州
台北
昆明
厦門《アモイ》
台湾
広州
澳門《マカオ》
香港
南シナ海
ハノイ
ハイフォン

序章　上海租界の百年

天にそびえる宇宙船のようなテレビ塔と、周りを取り囲む超高層ビルの数々。上海《シャンハイ》といえば誰もがニュースで見たことのある風景だ。二一世紀の今日、「世界の工場」あるいは「世界の市場」とも言われる中国で、上海は経済的に最も繁栄する都市である。おなじみの風景は、街の中心を流れる黄浦江《こうほこう》の東岸、すなわち「浦東《ほとう》」に広がっている。一九九〇年代から中央政府の指示によって急速に開発が進み、金融やハイテク産業の中心として日々進化を続ける地域だ。

世界中から訪れた観光客たちが、浦東の風景を黄浦江の対岸から眺めている。——さて、風景だけでなく、自分も一緒にカメラに収まることにしよう。くるりと背を向けた時……おや？　目の前、つまり黄浦江の西岸沿いに不思議な建築が連なっている。どっしりした石造りの建物が、形や大小もさまざまに、きれいに河を向いて並んでいる。外壁は彫刻や円柱で飾られ、てっぺんに丸いドームや時計台をいただくものまである。しっとりとくすんだたたずまいはまるで……ヨーロッパのようだ。

中国の地に突然現れたヨーロッパ風の街。それこそ、上海の歴史をひもとく鍵である。この街が生まれたのは一九世紀の半ば、つまり今から一六〇年ほど前のことだ。中国四〇〇〇年の歴史から見れば、ごく新しい時代である。

「租界」の誕生

中国では古来、政治や文化の中心は北方にあり、長安（西安）、開封《かいほう》、洛陽などが歴代の都として栄えてきた。南北朝時代から開発の進んだ江南（長江以南の地）は、宋代になって大きく様相を変えることになる。一二世紀、北方異民族王朝の金に滅ぼされた宋の皇帝の弟が、南下して臨安（杭州）に都を置き、南宋の時代が始まった。帝室の移動とともに、漢民族の文化は江南に移り、杭州、蘇州、無錫《むしゃく》などが新たににぎわいを見せるようになる。特に蘇州は大運河（北京《ペキン》と杭州を結ぶ世界最長の運河）に沿い、水運で栄えた大都市であった。蘇州の絹織物は運河で中国各地に運ばれ、のちには長江から外洋へと輸出されて世界のあこがれとなった。

蘇州の東六五キロメートルほどのところに位置する上海も、この時代から発展を始める。まず長江の支流である黄浦江の西岸に人が集まり始め、南宋末期に「鎮」（村に相当）となった。元代には「県」（町に相当）となり、明代には城壁が築かれ、都市らしい姿を整えていく。東海（東シナ海）に面した地域は塩田として開発され、塩の交易で富を蓄えた地元の

街は「小蘇州」と呼ばれた。綿花の栽培も始まり、綿花や綿布が商品として売買されるようになった。しかし結局のところ、上海は絹織物や陶磁器のような、人々のあこがれの的になる特産品に乏しかった。一九世紀前半までに、蘇州や杭州、南京《ナンキン》などは南方有数の都市に発展したが、上海の繁栄はそれには及ばなかった。

上海は潮の香りのする風が吹く、一地方都市に過ぎなかった。

その運命を大きく変えたのは、外国人の到来である。一八世紀半ば以来、イギリスは中国の茶などを求めて盛んに貿易を行なっていたが、鎖国政策を採る清朝は交易を南方の広州一港に限定し、公行《こうこう》と呼ばれる特定の商人との取引しか認めていなかった。イギリス商人はこのようなやり方に不満を持ち、自由貿易を求めていた。その目的は中国の物産をもっと自由に、大量に売り買いすることだけではない。産業革命によって量産されるようになった自国の工業製品を、広い中国の市場で売りさばきたかったのである。

一九世紀に入ってチャンスは訪れた。アヘン戦争（一八四〇〜四二）である。イギリスは、食卓に欠かせなくなった中国の茶を輸入するため、莫大な銀を支払っており、銀の不足に悩んでいた。それを打開するために採られた方策が、植民地インドを取り込んだ「三角貿易」である。イギリスの綿製品をインドへ、インドのアヘンを中国へ、中国の茶をイギリスへと運ぶ。こうすると代価の銀は三国をうまくめぐり、イギリスの輸入超過および銀不足も解消されるのだ。清朝はアヘンの輸入や吸引を禁じていたので、イギリスは密貿易の形で巨利を得るようになる。そして今度は逆に、清朝の銀が大量に流出するようになった。

危機感を覚えた清朝は、アヘン厳禁論者の林則徐《りんそくじょ》を欽差《きんさ》大臣（特命全権大使）に任命し、林は広州でアヘン約二万箱を没収して焼却した。怒ったイギリス商人たちは、これを機会に武力で自由貿易を実現させようと、本国の議会に働きかけ、ついに戦争が始まった。清朝の抵抗もむなしく、圧倒的な軍事力で勝利したイギリスは、戦争の代価として五港の開港と香《ホン》港《コン》島の割譲などを認めさせた（南京条約）。

条約によって開かれた五港がすなわち広州、厦門《アモイ》、福州、寧波《ニンポー》、そして上海である（中扉裏「中国要図」参照）。上海は中国沿岸のちょうど中ほどにあたり、広州など南方の港と、天《てん》津《しん》など北方の港とはほぼ等距離で結ばれている（天津は第二次アヘン戦争〈アロー戦争〉を経て、一八六〇年の北京条約で開港されることになる）。外洋船は東海から長江の河口をさかのぼり、支流の黄浦江に入ると間もなく上海の船着き場に着く。ここで小型の船に荷を積み替え、河や運河を使えば、中国の内陸部まで分け入ることができる。イギリス人が注目したのはまさにこうした「地の利」であり、上海は自由貿易の拠点として白羽の矢を立てられたのだった。

一八四三年一一月、イギリス初代領事バルフォアの一行が上海に到着し、上海道台《どうだい》（清朝の地方官で上海行政の責任者）宮慕久《きゆうぼきゆう》と会談した。道台は、城壁に囲まれた県城の中におり、今回の「夷務《いむ》」（外国人との交渉）をすべて任されていた。イギリス人にとって、領事館の設置や、将来家族を住まわせるための住居などが当面の課題であり、そのために土地の租借が必要だった。一八四五年、最初の「土地章程」（土地に関する規約）に基づいてイギリス租界が設置された。黄浦江西岸の一角、つまり船着き場に隣接した地域である。そこを永久に租借すること、中国人が居住してはならないことなどが定められた。「租界」とは「居留地」（settlement）の中国語訳で、「区切られた借地」の意味である。

拡大する租界

イギリスのやり方を、他の国が黙って見ているはずがない。当時、西欧諸国やアメリカが、東アジアに関心を持ち始めていた。一八四四年にはアメリカが望厦《ぼうか》条約を、フランスが黄埔《こうほ》条約を結び、それぞれ上海に領事を派遣した。アメリカ租界は一八四八年に設置された。イギリス租界の北側、蘇州河をはさんだ対岸の地域である。翌年フランス租界が設置された。イギリス租界の南側、県城の周りを取り囲む地域である。こうして黄浦江沿岸の地域は、三国の租界と、清朝政府の所在地である県城に区分されることになった。

一八六三年にイギリス租界とアメリカ租界は合併し、「共同租界」(International Settlement 中国語では「公共租界」)を作った。もともとアメリカ人の数は少なく、商人たちはみな便利なイギリス租界に住んでいたので、これは現実的な方策である。この時、フランスは参加せずに独立を保った。言葉の違いや、イギリスへの対抗意識などがそうさせたのだろう。共同租界もフランス租界も、その後何度かの拡張を繰り返し、西方向(黄浦江から離れる方向)へと広がっていく。黄浦江に近いほどオフィスや銀行などのビジネス機能が集中し、周辺には繁華街も形成された。黄浦江から離れるほど閑静な住宅街となり、特にフランス租界西部には広い庭のある邸宅が建ち並んだ。

イギリス人やフランス人は、ヨーロッパ本国のライフスタイルをそのまま上海に持ち込んだ。彼らが建てた住宅やオフィスビルは、その時代にロンドンやパリで流行していた様式と同じであった。だから今でも、上海の街には「ヨーロッパ」が残っている。黄浦江西岸の建築群は最もよい例であるし、街を歩けばベランダや煙突の付いた瀟洒《しょうしゃ》な洋館を見つけることができる。

アヘン戦争以降の中国は、列強との度重なる戦争によって次々に領土を侵食され、上海のような租界も増えていった。たとえば天津には、二〇世紀初頭、八ヵ国もの租界があった（イギリス、フランス、ドイツ、日本、ロシア、ベルギー、イタリア、オーストリアの専管租界）。しかし上海の共同租界とフランス租界を合わせた面積は、中国各地に存在する二三の主要な租界をすべて合わせた面積の一・五倍もあった。

イギリスは上海に租界を設立した後、厦門、広州、天津、鎮江、九江、漢口にも租界を設置する。特に鎮江、九江、漢口のような長江沿いの要地に拠点を構えたことにより、長江流域がイギリスの「勢力範囲」であると宣言するに至った（一八九九年）。長江と海を結ぶ上海は、まさにイギリスの中国支配の要《かなめ》であり、自由貿易の拠点として、商人たちが莫大な投資を行なった。

上海は外国人によって建設され、発展した都市として、元・明・清三代の都であった北京や、ほかの歴代の都とは全く異なる性格を持っている。そして上海がたどった道のりは、列強の半植民地の状態から民族の独立へという、近代中国の苦難の歩みをそのまま反映していた。

中国人はこう言いならわしている——「中国の一〇〇〇年は西安を見ればわかる。五〇〇年は北京を見ればわかる。一〇〇年は上海を見ればわかる」と。上海は中国の数ある都市の中で最も若く、その歴史は現在へと直接つながっているのである。

「華洋雑居」の街

一八四五年に初めてイギリス租界が設置された時、外国人はたった五〇人しかいなかった。それが一八六五年、共同租界となって最初の人口調査の時には二二九七人にまで増えている。フランス租界の四六〇人と合わせて、外国人は計二七五七人だった。共同租界の住人の中ではイギリス人が一三七二人と圧倒的に多く、次いでアメリカ、ドイツ、ポルトガル、スペイン、フランス、オランダ、スウェーデン、スイス、イタリア、デンマークの順となる。この時日本人はまだ確認されておらず、一八七〇年の調査の時に初めて七人を記録している。

ところで一八六五年当時、両租界には中国人が一四万六〇五二人住んでいた。外国人と中国人の比は実に一対五三である。租界は外国人のための居留地であったはずなのに、なぜ大勢の中国人が居住していたのだろうか。

それには中国国内の動乱が関係している。最初の契機は一八五三年九月に起きた、反清武装勢力「小刀会《しょうとうかい》」による県城占拠事件である。小刀会は一八五一年に始まった太平天国の乱に呼応し、政府所在地である県城を一年半にわたって占拠した。英米仏三国の領事は租界の中立を宣言し、住民による義勇隊（Shanghai Volunteer Corps 中国語では「万国商団」）を結成して守りを固めた。清朝軍に反乱を抑える力がなく、県城占拠が長引く間に、二万人もの中国人難民が安全を求めて租界に流れ込んできた。中国人たちはわずかな空き地にバラックを建て、河に小舟を浮かべて暮らすようになる。外国人の中には、ビジネスチャンス到来とばかりに、急ごしらえの住宅を建てて中国人に貸す者も現れた。

こうして一八五四年に定められた第二次「土地章程」では、租界内に中国人が土地を取得したり、居住したりすることが認められた。それは租界がもはや外国人が独占する領域ではなく、どの国籍の者に対しても開かれたことを意味していた。

南京や蘇州、杭州など、太平天国軍の支配下にあった地域からは、貧しい難民だけでなく、富裕な中国人もやってきた。外国の軍隊によって守られた上海租界はより安全で、彼らの暮らしや商売を守ってくれると思われたのである。上海租界は一八六〇年と六二年の二度にわたって太平天国軍の攻撃を受けたが、英仏連合軍と義勇隊が撃退した。清朝は各国の軍隊の力を借りて、六四年にようやく太平天国の本拠地を制圧したが、清朝の弱体化があらわになったことで、列強は中国進出の歩みを早めることになる。

不安定な草創期が過ぎた時、上海租界は、政治や経済の実権を持つ少数の外国人と、さまざまな労働に従事する多数の中国人が住む「華洋雑居」の土地となっていた。この特徴は、二〇世紀の半ばに租界が終焉《しゅうえん》を迎えるまで続いた。

上海租界の歴史を、大まかに時期で区分してみると以下のようになる。


一八四五年〜六〇年代前半（太平天国の乱終結まで）　草創期

一八六〇年代後半〜九〇年代前半（日清戦争まで）　発展期
一八九〇年代後半〜一九一八年（第一次世界大戦終結まで）　変動期
一九一九〜三七年（日中戦争開始まで）　繁栄期
一九三七〜四一年（太平洋戦争開始まで）　「孤島」期
一九四一〜四五年（終戦まで）　日本軍占領期

租界は英米仏の軍隊に守られ、武装中立を貫いたため、清朝末期の動乱には大きな影響を受けることがなかった。一九一一年に起こった辛亥《しんがい》革命の結果、清朝が滅び、中華民国が成立しても、租界の暮らしには実質的な変化がなかった。影響を与えたのは、むしろヨーロッパの動静である。第一次世界大戦はイギリス、フランスの資本を激減させ、代わってアメリカや日本という新興国の資本や、中国の民族資本を増大させることになった。

上海租界の繁栄は、第一次世界大戦終結後、日中戦争が始まるまでの約二〇年間に極まる。上海の港に到着する大小の船は、物資だけでなく世界中の人々を運んできた。共同租界・フランス租界に周辺の中国人居住地域の人口を含めると、上海全体の人口は一九〇〇年に早くも一〇〇万の大台を超えており、一九三〇年には三〇〇万を突破したとされる。当時ロンドン、ニューヨーク、東京、ベルリン、パリについで世界第六位の大都市であり、外国人の数は最も多い時で一五万人、国籍は五八に及んだ。上海中心部の面積は、両租界とその周辺を合わせて約六〇平方キロメートル、JR山手線の内側よりやや狭いくらいである。共同租界の人口密度はロンドンよりなお高く、世界一を記録した。

しかし一九三七年七月、北京郊外の盧溝橋《ろこうきょう》で起きた日中両軍の衝突は、翌月上海に場所を変え、第二次上海事変が勃発《ぼっぱつ》した。激しい市街戦の結果、租界の外側（中華民国の支配地域）は日本軍に占領され、共同租界とフランス租界は、占領地に浮かぶ離れ小島＝「孤島」の状態に陥ってしまう。日本軍は米英との太平洋戦争に突入した一九四一年一二月、共同租界に進駐し、以後終戦まで上海全域の支配者となった。一九四三年の名目的な「返還」を経て、租界が実質的に中国人の手に返されたのは、最初にイギリス租界が設置されてからちょうど一〇〇年後のことだった。

外国人の役割と中国人

上海租界一〇〇年の歴史を振り返ってみた時、一つの疑問が残る。上海とは外国人の街だったのか、それともやはり中国人の街だったのかという問題である。

すでに説明したように、租界は本来外国人のための居留地であったが、のちに中国人も住むことが認められた。租界内に住んでいる中国人は外国人と同様、税金（土地税または家屋税）が徴収された。ただし中国人と外国人の間には大まかに「住み分け」があり、中国人は地価の安い（税金が安い）エリア、すなわち共同租界北部・東部に住むことが多かった。

租界の外側について言えば、中国人は旧県城とその南部（これを合わせて「南市」という）に集中して住んでいた。県城を取り囲む城壁は辛亥革命後の一九一二年に取り壊され、その跡は円い道路の形で残っている（現在の人民路・中華路）。今日でもこのあたりは豫園《よえん》などの名勝で知られ、中国的な雰囲気を色濃く残す地域として知られる。租界時代、外国人がこの地域に足を踏み入れることはほとんどなかった。その理由は主に「不衛生」であり「危険」であることだった。

南市のように、租界の外側にあって、中国官憲の支配が及ぶ地域を「華界」と呼んだ。つまり上海には共同租界、フランス租界、そして華界という、三つの異なる権力による支配地域があったことになる（一六、一七ページ地図参照。地域の特性を概念図として示した）。一九三〇年代、蔣介石《しょうかいせき》の国民政府は外国人の租界に対抗し、上海北部の江湾地区に新都心を作る「大上海計画」を推進していた。道路整備や市庁舎の建設が進んでいたが、第二次上海事変でこのあたりは戦場となり、計画は水泡に帰した。

近代以降の上海の歩みをたどる時、都市建設という意味においては、共同租界・フランス租界の両地域が今日の街の基盤となったことは疑いがない。街路や上下水道などのインフラをはじめ、ランドマークとなるような建物も、租界時代のものが継承されている。建築技術だけでなく、都市のあり方に対する外国人たちの思想や美意識などが、上海の街には大きく反映されていると言えるだろう。

しかし、建築のような目に見える部分の検証は容易だが、そこに暮らした人々の様子となるとどうだろうか。

まず人口から言えば、すでに述べたように、租界繁栄期の人口総数約三〇〇万に対し、外国人の数は一五万と、ちょうど五パーセントにあたる。試みに今日の東京都と比べてみると、人口総数約一二九四万に対し、外国人登録者数は約四一万であるから、約三パーセントを占める計算となる（二〇〇九年四月現在）。人口全体に占める外国人の割合は、上海租界の方が多い。当時まだ交通が不便であり、外国との往来は船舶が主要な手段だったことを考えれば、やはり相当な数と言うことができよう。

制度の面から言えば、外国人はもともと軍事力を背景に居住権を得たのであり、条約に基づき、治外法権によって守られていた。罪を犯しても中国側に引き渡されることはなく、自国の法律・裁判所により裁かれるというものである。そもそも租界の警察権は外国人が握っていたから、自国の人間の犯罪に甘かったのは言うまでもない。あとで述べるように、行政の仕組みも各租界独自に作り上げられていたため、支配の中枢を外国人が占めていることは間違いなかった。事実、多くの外国人には、中国人に対する「支配者」という共通の意識があったのである。

外国人たちは太平天国の乱の時、租界を守るために義勇隊を結成して共に戦った。義勇隊を中国語で「万国商団」と言うのは、当初義勇隊が各国の貿易商人などによって構成されて

虹口公園
(魯迅公園)
歌舞伎座
閘北
北四川路
共同租界
ユダヤ難民指定地区
呉淞路
虹口
提籃橋
アスター・ハウス
日本領事館
英国領事館
ガーデンブリッジ（外白渡橋）
黄浦江
南京路
パブリックガーデン（黄浦公園）
サッスーン・ハウス（和平飯店北楼）
パレス・ホテル（和平飯店南楼）
バンド（外灘）
豫園
旧県城
十六舗
南市
租界の境界ライン
オフィス街・商業地域
(旧イギリス租界中心部)
高級住宅・別荘の多い地域
中国人が多く住んだ地域
日本人が多く住んだ地域
リトル・ロシア
リトル・ウィーン

租界「住み分け」概念図（1930年代）

いたからである。義勇隊の存在は租界の外国人の一致団結の象徴であり、二〇世紀に入ってからも定期的に閲兵やパレードを行なった。

最初に租界を設置したイギリス、フランス、アメリカの人々をはじめとし、さまざまな国の人間が上海に集まってきた。地理的に近い日本からは最も多くの人々が移住した。上海はアジアにおける貿易や商工業、金融の中心であり、中国の地にありながら欧米直輸入の文化が栄える国際都市だったのである。

本書の目的――国籍別による検証

租界の成立史や経済上の役割などについては、これまで多くの本で述べられてきたが、上海に住む多国籍の人々が、都市の「国際性」をどのように支えていたのかについては、詳しく書かれることがなかった。本書の目的の一つは、租界時代の人々の暮らしを国籍別に検証し、そのライフスタイルや意識を明らかにすることにある。その作業を通じて、上海社会の構成員としての外国人および中国人が、それぞれに果たした役割が見えてくるだろう。

上海在住外国人の間には、上海における権益を守りたいという共通した意識のほかに、本国同士の利害を反映した対抗意識もあった。言葉や生活習慣の違いにより、娯楽や社交の場は国別に維持されていることも多く、違う国の人間と心底打ち解け合うことは難しかった。同じ租界の住人とは言っても、物理的・心理的に築かれたエリアの中に、それぞれ閉じこもっているのが現状だったのである。

本書では、上海の政治・経済、あるいは都市文化の形成といった面で、主要な役割を果たした国の人々を取り上げる。また、いわゆる国家に帰属する人間だけではなく、難民として上海にたどり着いた人々も対象とする。各章で扱う外国人と、その主な特徴は以下のとおりである。

イギリス人。「自由都市」としての街の基盤を作った。大英帝国のプライドとライフスタイルをそっくり持ち込み、政治・経済の各面において支配の中枢に君臨した。

アメリカ人。第一次世界大戦後、豊富な資本と物資により、上海の繁栄を支えた。ファッションや娯楽の面で流行をリードしただけでなく、自由や、個性の尊重といった精神面でも大きな影響を与えた。

ロシア人。一九一七年のロシア革命を逃れてきた白系(帝政支持派)の人々は、フランス租界の主要な住人となった。音楽・演劇・舞踊などのクラシカルな芸術活動を盛んに行ない、新興都市である上海に「文化」を与えた。

日本人。欧米の植民地と化した租界を自らの「反面教師」とし、明治以降の国力増強に伴って上海に進出した。繁栄期には外国人の中で最多の人口を誇り、独特の「日本人街」を形成した。

ユダヤ人。発展期の上海で財を成した人々と、ナチスの迫害を逃れてヨーロッパからやって来た難民とに二分される。後者は上海の白人の底辺に位置づけられたが、勤勉な働きぶりや優れた音楽活動などで一定の足跡を残した。

そして、最後に書くべきはもちろん中国人であろう。人口の多数を占めながら支配の実権を持たない中国人は、外国人のふるまいをじっと見つめてきた。国内の変化および国際情勢の変化により、中国人は着実に政治的・経済的な力を蓄え、最終的に外国の支配からの「解放」を選択したのである。

「イギリス人」「アメリカ人」「日本人」「中国人」の各章は、おおむね第1節を上海における概況、第2節をライフスタイルなどの具体例、第3節を人々の意識や社会的地位に関する叙述にあてた。「ロシア人」「ユダヤ人」の章は、資料や筆者の考察の不足などから、その形を採っていない。

本書では便宜的に、住民の国籍ごとに章を分けたが、街全体の歴史を語るには、当然「国籍別」では割り切れない部分がある。したがって各章には、表題以外の国籍の人々がしばしば登場するし、むしろ章を越えた人々の関係性こそが、上海の「国際性」を表していると言えるだろう。

筆者は比較文化研究を専門としており、主要な関心は衣食住などのライフスタイルや、文化・芸術活動、人々の上海（ひいては中国）に対する意識などにある。しかし上海における人間の流れは、その時代の世界の動きと密接に関係しているため、政治・外交などに関わる説明も必要な範囲で加えた。そうすることで、「世界の中の上海」の位置づけがより明確になると考えたからである。

日本を含む東アジアの近代化は「西洋化」の側面を持っており、先進的な西洋の政治制度、科学技術、学術思想などを取り入れることが課題とされた。そのような歴史の中で、上海が果たした役割は非常に大きい。なぜなら中国人や日本人は、上海に暮らす中でおのずと西洋の人々に触れ、西洋の文化を知ることができたからである。上海の歴史を取り上げることは、私たち日本人にとっても、近代の意味を考える上でとりわけ重要であろう。

本書の各章で扱うのは、その国の人々が上海で活動した時代であり、ほとんどが太平洋戦争の開始、または終結の時期までとなっている。つまり本書の叙述は、上海という都市の歴史の中でも、租界が存続した一〇〇年の歴史にそのまま重なっている。しかし「中国人」の章だけは、租界の「その後」についても大まかに書いてみた。なぜなら終戦以降の上海の現代史は、外国の支配が終わった旧租界を、中国人がどのように引き継ぎ、または引き継がなかったのかという道筋だからである。

今日の上海の繁栄は、租界一〇〇年の歴史と一体どのようにつながるのか——それでは時計の針を一九世紀に戻してみることにしよう。

第1章　イギリス人の野望

1　自由都市の建設

商人たちの選択

青い海原が黄色く濁り始めると、もうすぐ長江の河口だ。イギリスの港を出てから約六ヵ月。ケープタウン、ボンベイ、カルカッタ、シンガポール、そして香港と、船は大英帝国の支配領域をなぞるように、ユーラシア大陸の東端までやってきた。長江の河口をさかのぼり、支流の黄浦江に入ると、イギリス人はようやくほっとする。黄浦江のゆるやかな流れが、故郷のテムズ河を思い出させるからだ。

南京条約によって開港された上海は、イギリス商人にとって中国貿易における新天地だった。それまで彼らが広州で味わってきた鬱屈《うっくつ》はひどいものだった——貿易を外国人に施す「恩恵」と見なし、尊大な態度を取る役人たち。「手数料」の名目で賄賂《わいろ》を要求し、私腹を肥やす公行（独占的特許商人）。かつてのあらゆる障害は、ここ上海には存在せず、商人たちはついに自由貿易を実現することができたのだ。

イギリス商人は、実はアヘン戦争のずっと前から上海に目をつけていた。中国ではすでに明代末期（一六世紀半ば）から、マカオ（澳門）を租借したポルトガルによって独占的に貿易が行なわれていた。後発のイギリス東インド会社が、ポルトガルを圧倒するようになったのは一八世紀に入ってからである。時の清朝は西洋との貿易を広州一港に制限しており、それに飽き足りないイギリスは、独自に他の港の調査を続けていた。

当時すでに寧波や上海の港では、日本、安南（ベトナム）、シャム（タイ）への貿易船が盛んに出入りしていた。鎖国政策を採る江戸時代の日本で、長崎に来港する「南京船」のほとんどは、寧波や上海から来た船であった。上海が有望な港であることは、一八世紀半ば頃には、東インド会社の関係者に知られていたのである。

一八三二年、東インド会社の社員リンゼイの一行が上海を訪れ、道台と通商について直接交渉した。道台は彼らの要求を拒否し、一刻も早く上海を立ち去るよう命じたが、リンゼイはその間にも抜け目なく城内を観察していた。その報告書によれば、上海の商店にはすでに西洋の品々がたくさん飾られていたという。広州やマカオからもたらされた「洋貨」が上海に出回っており、上海の商人は西洋人との取引に期待するところがあったらしい。リンゼイは、貿易港としての上海の可能性を強く確信したのである。

一八三四年、イギリス政府は自由貿易を求める商人たちの声に押され、東インド会社の中国における独占的貿易権を廃止した。イギリスは政府じきじきの広東《カントン》貿易監督官を派遣して、対等な交渉を要求したが、清朝はかえって反撥《はんぱつ》し、旧来の慣行を頑《かたく》なに守ろうとした。こうしてイギリス商人たちのフラストレーションが高まる中、一八四〇年にアヘン戦争が始まったのである。

広州で始まった軍事衝突は次第に沿岸を北上し、一八四二年六月には、イギリス艦船十余隻が上海に向けて攻撃を開始した。清朝軍は呉淞《ウーソン》（長江と黄浦江の合流地点）砲台で応戦したが敗れ、道台らは城内から逃亡する。入城したイギリス軍は三日三晩略奪・暴行を行ない、やがて後続の艦隊と共に去っていった。

戦闘の記憶がまだ残る上海に、イギリス初代領事バルフォアが赴任したのは一八四三年一一月のことだった。上海はついに開港場（treaty port）として開かれたのである。年末までには、ジャーディン・マセソン商会、デント商会などの商人が続々とやって来た。いずれも広州でアヘン取引を行なっていた会社で、新たな拠点を上海に築こうとしたのである。

なかでも、ジャーディン・マセソン商会（一八三二年マカオで設立。中国名は怡和《いわ》洋行）は、上海開港に至る経緯に深く関わっていた。アヘン戦争開戦前夜、広州で清朝側に没収されたアヘン二万箱のうち、七〇〇〇箱はジャーディン・マセソン商会のものだったという。創業者のウィリアム・ジャーディン（元はイギリス東インド会社の船医だった）、ジェームズ・マセソンの二人は、他の商人に呼びかけて本国議会への請願運動を行ない、時の外務大臣に直接訴えるなどして武力介入を求めた。ついに開戦した後も、二人はそれぞれ本国で下院議員となり、自由貿易の実現を目指して積極的に活動した。

そんな苦労の末に勝ち取った上海である。商人たちはインド産のアヘンとイギリスの繊維製品を中国に運び込み、中国の生糸と茶をイギリスに運んだ。一八四五年、商人たちの居留地としてイギリス租界が設置された。彼らはそれまで、中国人の住む城内に間借りしていたが、喧噪《けんそう》と異臭に耐えかねていたのである。租界設置の二年後には、早くも二四の外国商館（イギリス二一、アメリカ三）が進出し、二五の住宅、五つの店舗、一つのホテルとクラブ、教会が建っていた。この時すでに外国人の数は一〇〇人を超えていた。

バンドの風景

黄浦江西岸のウォーターフロントを、イギリス人はバンド（The Bund 中国語では「外灘《ワイタン》」）と呼んだ。バンドとは、植民地インドで埠頭《ふとう》や岸壁を意味する言葉である。イギリス人は、これまでインドの港町やシンガポールでしてきたように、上海でも船着き場を整備し、港から街への道路を引いた。それは貿易の拠点を建設するために、必要不可欠な仕事だった。

バンドは上海の表玄関であり、ビジネスの主要な機能はいつの時代もここに集中した。上海のその後の発展をイメージするために、バンドの風景がどのように変わっていくかを見てみよう。四枚の写真はいずれもほとんど同じ場所を写したもので、アングルもほぼ同じである。

一八八〇年代、発展期に入ったバンドには二、三階建ての商館が建ち並んでいる。張り出したベランダや、美しく作られた庭が、植民地の優雅な雰囲気をかもしだしている。船着き場は目と鼻の先で、荷の積み卸しを監督するにはちょうどよかったに違いない（写真1）。

二〇世紀の変動期に入ると、風景は一変する。建物は大型化・高層化し、道路には路面電車が走り、交通量が多くなっている。植民地の風景というより、せわしないヨーロッパの都市が現れたようだ（写真2）。

一九二〇年代、租界は繁栄期に入っており、バンドには高層ビルが建設され始めた。クレーンが林立し、高さを競うように工事が進められている（写真3）。

一九四〇年代の写真では、すでにバンドの風景が完成している。丸いドームをいただく香港上海銀行（中国名は匯豊《わいほう》銀行。現在の上海浦東発展銀行）や、時計台のある江海関《こうかいかん》（現在の上海税関）、三角屋根のサッスーン・ハウス（現在の和平飯店北楼）といったランドマークを見れば、ここが上海だということがすぐにわかる。建物がぎっしりと建ち並んでいるだけでなく、路上の自動車も、人間も過密の様子が伝わってくる（写真4）。

バンドの建築は一九四九年に中華人民共和国が建国されたあとも保存され、今日に至って

写真 1　1880年代

写真 2　1910年代

写真3　1920年代

写真4　1940年代

いる。上海に改革・開放の波が押し寄せる一九九〇年代初めまで、これらより背の高いビルはバンド周辺には存在せず、ウォーターフロントの風景にほとんど変わりはなかった。

現在、かつての船着き場は一掃され、黄浦江の水際はコンクリートの遊歩道として整備されている。対岸の浦東には独特のデザインのテレビ塔（東方明珠塔）や超高層ビルが林立し、ついそちらに目を奪われてしまう。しかし租界時代の浦東はと言えば、倉庫や工場があるくらいで、あとは農地が広がるだけの田舎だった。とうてい「上海」のうちには入らなかったのである。

「自治」の仕組み

上海のイギリス租界は、イギリス政府が土地を借り上げて個人に払い下げるのではなく、土地を借りたい外国人が中国人土地所有者と直接貸借関係を結ぶことになっていた。中国官憲や、イギリス領事は両者を仲介する存在とされ、もしイギリス人以外が土地を借りたい場合は、イギリス領事の許可を得る必要があった。しかし当初地代（賃貸料）や敷金を伴っていた土地の貸借制度は次第に形骸化し、土地は外国人が価格をつけて自由に売買するようになる。その後、租界の行政機関が土地税・家屋税の徴税権を持つようになり、行政の主要な財源とした。

上海のイギリス租界は、同じアヘン戦争でイギリスに割譲され、植民地となった香港とは、制度や位置づけが全く異なっている。香港はイギリスが領有し、統治したが、上海は依然として清朝の領土であり、イギリスは行政権（警察権を含む）を持っているに過ぎない。香港では、イギリス国王に任命された総督以下の行政官が、本国の意向を伝達・実行する役割を果たしていたが、上海のイギリス租界にはそのような官僚はいなかった。上海のイギリス領事は、租界行政を監督する役目を負っていたが、実質的な権限は何もなかった。

工部局参事会のメンバー（1860年代）

つまり上海のイギリス租界は、中国でもなく、イギリスでもなかった。既存の国家に帰属しない、いわば「自由都市」の性格を持っていたのである。もともと自由貿易を行なう商人の便宜のために設置された居留地であったから、住民たちが国家の干渉を嫌うのは当然だった。

イギリス租界は一八六三年にアメリカ租界と合併して共同租界となったため、国家に帰属しないという「自由都市」の性格はますます際立つことになった。二〇世紀に入り、世界が革命と戦争の時代に突入すると、上海は各国の難民の逃避先となった。たとえば第二次世界大戦中、ナチス・ドイツに追われたユダヤ人たちが大挙して上海を目指したのは、そこが世界で唯一、ビザなしで受け入れてくれる場所だったからである（第5章参照）。

イギリス租界、のちの共同租界の行政制度は、住民自身によって段階的に整えられた。まず、租界設立直後の一八四六年、港・道路・橋など公共部分の建設事務を請け負う組織として「道路埠頭委員会」が組織された。この委員会は借地人（住民）の代表で構成され、資金の調達や建設計画の策定に携わった。一八五四年、道路埠頭委員会が解散して「参事会」（Municipal Council）が作られ、選挙で選ばれた七名の参事が市政を管理することになった。参事は租界の有力者、すなわち貿易や不動産業を営む大商人（広東語で「大班《タイパン》」）から多く選ばれた。参事の職は無給であったが、彼らは喜んでこの名誉ある仕事を引き受けたのである。一八六〇年代には、デント商会の主ヘンリー・デントや、ジャーディン・マセソン商会の上海支店長、ウィリアム・ケズウィックなどが、参事会議長の地位に就いている。

さまざまな国籍の人々が住む租界では、参事の国籍は各国の力関係を表していた。最初の七名の参事のうち、六名がイギリス人、一名がアメリカ人で、イギリス人が圧倒的に優勢である。一八七〇年代に参事の数は九名に増え、ほぼ毎年ドイツ人が一名加わっているが、第一次世界大戦開始の一九一四年で姿を消した。そのあとを継いだのは日本人で、一九一六年から毎年一名が加わっている。ほかにフランス人、デンマーク人、ロシア人なども参事に選ばれたことがあるが、イギリス人が過半数を占める状況は最後まで変わらなかった。中国人が参事として認められたのは一九二八年のことである。

参事を選ぶのは借地人会議、のちの納税者会議のメンバーだった。納税者会議に参加できるのは、外国人の、いわゆる「高額納税者」だけである。一八六九年に定められた規定によれば、該当するのは、価値五〇〇両《テール》以上の土地を所有して毎年一〇両以上の土地税を払っている者か、あるいは毎年五〇〇両以上の家賃を払っている者（家賃の一部が家屋税となる）だった。これだけの税金を払える者は、おのずと大会社の経営者・幹部社員などに限られてしまう。彼らによって選ばれる参事は租界の超エリートであり、大会社の利益を代表する人物となる。納税者会議は毎年選挙で参事を選ぶほかに、予算、決算、租税、法令等について議論し、決議する役割を担った。

ちなみに「両」は当時の銀を量る単位で、一両は銀二分の一オンス（約一四グラム）であった。これは上海における通貨であるが、実物を目にすることは滅多になく、人々は書類上の観念として知るのみだったという。なぜなら外国人は現金を「不潔」と見なし、街で食事や買い物をする際は伝票にサインするだけで、月末に請求書が来た時初めて支払いに応じたからである。

議会制民主主義の反映

参事会の下には、財政、工務、警務など専門の委員会が設けられ、それぞれ所管の問題について討議し、参事会に報告する役目を負った。参事会や委員会は定期的に招集されるだけなので、専従職員を雇って総務局とし、日常業務を担当させた。

中国語では、参事会を中心とするこの行政組織を「工部局」と呼ぶ。清朝の六部《りくぶ》（六つの役所）の一つである「工部」にちなんだ名称は、もともと行政全体を指すものではないが、当初租界行政の中心が土木建築に関わるものであったことから、この呼び方が定着したらしい。租界の拡大・発展とともに、工部局はさまざまな部署を抱える巨大な役所に変貌し、一九三〇年代末には職員七〇〇〇人を擁した。外国人だけでなく中国人も雇用されたが、両者の待遇には差があった。

現在に残る工部局オフィスの建物（一九二一年竣工）は、表玄関たるバンドから、二本裏手（西側）の通りにある。このあたりは当時の政治・経済の中心で、ほぼ碁盤の目のように整然と区切られた地域には、各種の役所・警察・銀行などが集中していた。工部局オフィスは、江西路と漢口路の交叉点から、街区の縁を取り囲むように長く伸びる、特徴的な建物である。その重厚なスタイルは、巨大都市の政治の中枢としてふさわしい（七五ページ地図参照）。

共同租界は、租界の存在を規定する「土地章程」をいわば「憲法」とし、参事会が「内閣」の役割を務めた。「議会」にあたるのが納税者会議であり、行政の実務を行なう「官庁」が工部局である。ヨーロッパの議会制民主主義をそのまま反映したものであり、租界で実践されているこの制度は、清末民初（清朝末期から中華民国初期）の中国人の政治思想にも影響を与えた。

フランス租界でも仕組みは似ていた。フランス租界の役所は「公董局《こうとう》」といい、納税者会議で選ばれた参事がいた。しかしフランス租界は領事をトップとする専管租界（フランス一国が管理する租界）であり、参事会の権力は共同租界の参事会より小さかった。フランス租界において、参事会を招集し、議案を提出することができるのは領事であり、議決の内容は領事が公布することによって初めて施行される。つまり、フランス租界の参事会は、領事の諮問機関のような位置づけにとどまっていた。

フランスはイギリスに対抗して上海に租界を設置したが、貿易では遅れを取っていたため、カトリックの布教活動の方に力を入れていた。フランス租界には教会、学校、病院などが多く建てられ、住環境にも配慮されていたので、文教地区・住宅地という性格が強かった。フランス人の貿易商人は、ビジネスの都合上、共同租界にオフィスを構えることが多かった。共同租界とフランス租界の境は洋涇浜《ヤンチンバン》クリーク（一九一六年に埋め立てられて愛多亜路《エドワード》となる。現在の延安東路）を目印としているだけなので、自由に行き来ができた。ただし街のたたずまいはだいぶ異なり、インフラ整備も別々に行なわれたので、電信柱やマンホールの形なども違っていた。フランス租界では街路の表示などは当然フランス語である。

上海では一九〇八年に初めて路面電車が開通したが、共同租界とフランス租界でそれぞれ運営会社が違ったので、両租界を横断するには、乗り換えて新たに切符を買わなければならなかった。利用者の便宜をはかって、電車の相互乗り入れが実現し、五年後には両租界を通じて一枚の切符で済むようになる。

貿易とアヘン

上海が開港されてから、その貿易量は地の利を生かしてめざましく増え、一八五〇年代半ばには早くも広州の二倍近くに達していた。一八六〇年代半ばには、上海の貿易量は広州をはるかに抜いて、全国の貿易総額の半分を占めるまでになる。一八六九年にスエズ運河が開通すると、イギリスから東アジアへの所要日数は約三分の一になり、往来が飛躍的に便利になった。

南京条約によって、清朝は自ら関税率を定める権利＝関税自主権を失っており、イギリスは自国の製品が中国で安く売れるよう、通常より低い従価五パーセントの関税率を設定していた。これは最恵国条款によって、あとで通商条約を結んだ各国に適用されたため、清朝が改訂するには大きな負担がかかった。この不平等な状態は一九三〇年まで続いたのである。

また小刀会による県城占拠事件のため、清朝の税関業務が滞ったのをよい機会に、一八五四年から英米仏三国が徴税業務を代行することを認めさせ、のちにイギリスが実権を握った。イギリスは影響力を中国全土の開港場に広げ、税関行政のトップである税関総務司には、いつもイギリス人が就任することになった。

中国の国家財政において、関税収入は最も確実で、かつ大きな割合を占めていた。たとえば最も割合の大きかった一九三一年には、歳入総額の五四パーセントを占めている。そこで諸外国は、中国に借款を与える際、しばしば関税収入を担保とした。中華民国の成立後、列強は自らの権益を守るため、関税の保管権をも獲得した。各地の関税収入をすべて上海に送付し、香港上海銀行などに保管することを定めたのである。

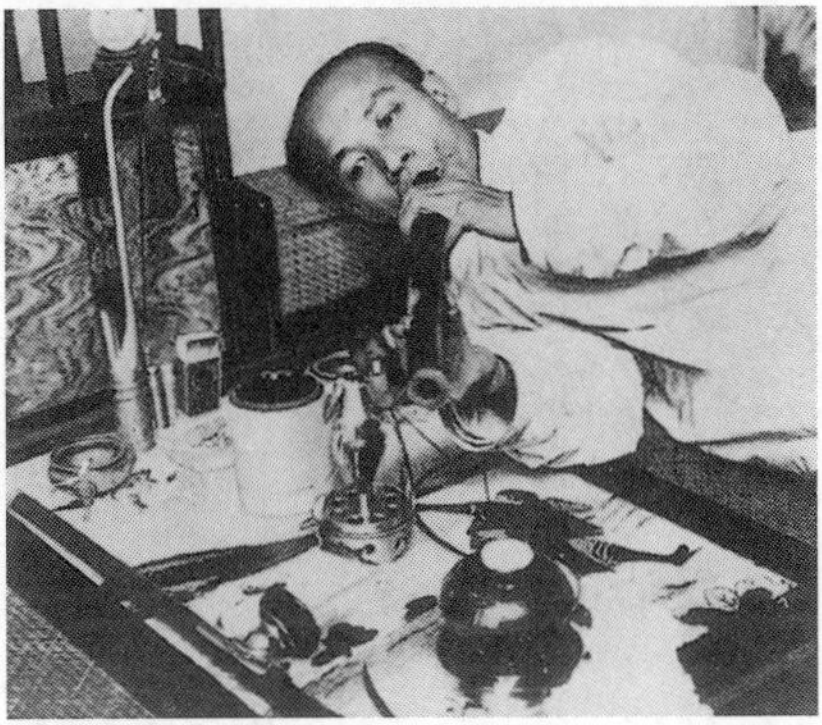
アヘンを吸引する人

香港上海銀行は、一八六五年に香港で開業したイギリス系銀行で、ジャーディン・マセソン商会、デント商会、サッスーン商会などが設立に参加した。その目的は、主にアヘン取引の決済をスムーズにするためであり、上海にも同年支店が開かれた。二〇世紀に入り関税預託銀行になったことで、上海金融界のトップに君臨し、紙幣発行の権利をも持つことになる。
イギリスをはじめとする諸外国にとって、中国との貿易はさまざまな意味で自国の利益となり、中国を経済的に支配する手段ともなった。上海のイギリス商人が享受していた「自由」とは、このような不平等条約体制の中で生まれたものだったのである。

草創期の上海で最も盛んに輸入されていたのはアヘンである。アヘン貿易はアヘン戦争後、黙認された形で行なわれていたが、一八五六年の第二次アヘン戦争以降、合法貿易として承認されていた。

上海の英字新聞『ノース・チャイナ・ヘラルド』(一八五〇年創刊、中国名『北華捷報《しょうほう》』)は、初期には船舶情報に力を入れ、何という船がどんな荷を載せていつ到着し、いつ出港したか、という情報を細かく掲載している。たとえば、一八五〇年七月二六日、サリヴァン船長率いる「オーダックス号」一五四トン(そこに掲載されているいくつかの船と比べれば小型である)が、香港からアヘンを積んで到着した。香港を出港したのは七月一六日だから、ちょうど一〇日かかっている。荷の引き取り人はジャーディン・マセソン商会である。同船は四日後の七月三〇日、香港に向けて再び出港した。今度は「Treasure」(財宝、貴重品の意)を積んでいたというが、具体的には何だったのだろうか。

上海では一八七〇年代、すでに一七〇〇軒余りの「煙館」(アヘン窟)が林立していたというから、常習者の数は相当であったろう。一般にアヘンの害毒に対する知識は乏しく、中国人労働者が一日の疲労を忘れるために手を染める場合もあれば、富裕層が金と暇にまかせて溺れる場合もあった。共同租界工部局はアヘンの売買を許可制として課税し、大きな収入を得ていたが、一九〇八年以降、国際輿論《よろん》に押されてアヘン窟の閉鎖にようやく乗り出した。しかし確実に利益の上がる取引は闇で続けられ、特にフランス租界では、アヘンを扱う中国人マフィアと警察・行政の癒着が甚だしかった。

こうしてアヘン窟は上海名物として旅行者の好奇の対象となり、紀行文や小説でもしばしば描写された。薄暗い店内にたゆたう煙、廃人のように横たわる人々……というおきまりのイメージが繰り返し語られることになったが、実際は所在地や客層によって、かなり様子が異なったらしい。一九三〇年代になっても、ホテルによってはアヘンを「ルームサービス」するところがあり、外国人のパーティーでも「食後の一服」として勧められることがあったという。

2　居留民のライフスタイル

植民地英語

草創期の租界の住人は、ほとんどが貿易に従事する商人たちだった。独身か単身赴任の男性が多く、建設途上の街にはまだ女性の姿は見られない。彼らはビジネスを遂行するために本国から送り込まれた、若く有能な人々で、ひと財産作って故郷に錦を飾ることを目標としていた。

イギリス人の多くは中国を未開で野蛮な国だと思っていたので、自らを上海の土地や風俗に合わせるつもりは毛頭なかった。そこで彼らは租界を自分たちの暮らしやすいように建設した。彼らが建てた住宅やオフィスはロンドンのそれとそっくりだったし、食べるもの、着るものから娯楽・社交生活まで、ヨーロッパのスタイルを守ったのである。

草創期の租界において、商館の主人やその助手たちの暮らしはおよそこんなふうだった。朝、馬で軽く遠乗りを楽しんでから、オフィスに出る。オフィスというのは商館の一階であって、彼らは二階に寝泊まりしていた。まず買弁《ばいべん》（ポルトガル語の「コンプラドール」〈買付商の意〉の中国語訳）から商いの報告を受ける。買弁とは、現地の商人との仲介役で、通訳をも兼ねた中国人協力者のことである。才覚のある者は、ビジネスのノウハウを覚えて独立し、中国第一代目の企業家となるが、それはまた後のことだ（第6章参照）。

ちなみに買弁の話す英語は正式な英語ではなく、中国式の発音で、中国語の語順に影響された植民地英語だった。これを「ピジン・イングリッシュ」という（「ピジン」は「ビジネス」がなまったものとされる）。彼らはこれを使いこなして、上手にコミュニケーションを行なった。以下は、一九二〇年代の上海のガイドブックに掲載された、ピジン・イングリッシュの用例である。

正しい英語	上海のピジン・イングリッシュ
Who is that?	Who man?
Do you understand?	Savvy?
I don't want to do this.	Too much trouble pidgin.
Call me at 7 o'clock.	Morning time talkee my 7 o'clock.
This is very good.	This b'long number one.

最後の「ナンバーワン」は、「那摩温《ナモワン》」として一般の中国人の間にも広く定着した。一番であること、最もよい腕前を持っていることなどを意味し、ボーイ頭やコック頭、のちには工場の職工頭などを指して言うようになった。

ところで外国人の側で、現地の言葉を本気で覚えようとする者は少なかった。特に上海で話される中国語は、広東で話される言葉とは全く異なり、外国人を戸惑わせた。英字新聞『ノース・チャイナ・ヘラルド』は、一時期紙面に上海語講座を載せている。「布巾《ふきん》を持ってきてテーブルをふきなさい」「インクつぼにインクをいれなさい」など、いかにも使用人に使うような言葉が並んでいる。英語と上海語の対訳で、発音記号もついているが、英字新聞の紙面に出現した漢字の羅列を見ていると、頭が痛くなりそうだ。

茶の積み出し

「古きよき時代」

商人たちのビジネスは生糸や茶という「季節物」だから、いつも忙しいわけではなかった。茶の場合、四月から六月にかけての数ヵ月が勝負である。どの会社がロンドンへ、その年最初の新茶を届けることができるかを競い合う。俗に言う「ティー・レース」を制した会社が、莫大な利益を得ることができるため、商人たちはこの時とばかり猛烈に働くのだった。

シーズンが過ぎれば、普段の日は午前一〇時から午後三時頃までオフィスに出るだけという、優雅な暮らしだった。男たちは今度の休日に競馬場で行なわれるレースについて、情報交換に余念がない。競馬はイギリス紳士の最も好む娯楽なのである。一八五〇年に最初に作られた競馬場は、より広い場所へと移転を繰り返し、一八六二年には三代目の競馬場が作られた。現在上海中心部にぽっかりと広がる人民公園・人民広場はその跡地である。モンゴル産のずんぐりした小馬は、イギリスのサラブレッドほど見た目はよくないが、疲れを知らずに走るので人気だった。競馬以外にも、日常の乗馬、狩猟、ペーパー・ハント（獲物の代わりに紙のしるしを追う）などでいつも身近にいるのが馬だった。

ちなみに上海では、まだ調教されていない小馬をグリフィン（Griffin）と呼んだが、これはもともと植民地インドに到着したばかりのイギリス人に対する愛称であった。商館の主人たちにとっては、若い助手も小馬も同じで、今後多くの仕事を仕込まなければならない相手だったのである。

食事は、娯楽の少ない植民地の暮らしの中で一番の楽しみだった。晩餐には、狩猟の獲物が供されることもあった。

> 彼等は晩餐を高価なスープとシエリー酒で始め、それから一、二皿の前菜を肴にシャンパンを飲み、次に牛肉や羊肉や鶏肉やベーコンともう一杯のシャンパンかビール、それからカレーライスとハム、更に猟禽《りょうきん》類を食べてから、プッデイング、パストリー、ゼリー、カスタード、或はブランマンジュ、再びシヤンパン。それからチーズとサラダとパンを食べ、ポートワインを一杯飲み、次にオレンヂ、無花果《いちじく》、乾葡萄《ほしぶどう》、胡桃《くるみ》等と二、三杯の酒最後に濃いコーヒーと葉巻を以てこの恐るべき食事が終りを告げるのである。
> （アーネスト・ハウザー『大幇《タイパン》の都　上海』佐藤弘訳。〈「大幇」は「大班」のこと〉）

男たちの胃袋には驚嘆するが、これだけの西洋料理を覚えた使用人にも敬意を払わなければならないだろう。外国人たちの贅沢な暮らしは、実際のところ中国人の使用人なしには成り立たないものであった。

上海の夏は蒸し暑いので、食後は外に出て夕涼みをする。バンドは同じ目的の人々がそぞろ歩いている。昼間は苦力《クーリー》（中国人の肉体労働者）で騒がしいバンドも、夜は静かだ。黄浦江から吹き渡る風が心地よい。バンドの北端、イギリス領事館の向かいには、黄浦江の泥地を整備してパブリックガーデンが作られた（一八六八年）。一八七四年の夏からは、管楽器協会というアマチュアのブラスバンドが、パブリックガーデンで夜の野外コンサートをするようになる。

商館にもどって二階にあがり、ベランダでウィスキーのグラスを傾ける。熱帯の植民地の建築様式にならって、商館には必ずベランダがあり、涼を取ることができるようになっている。その代わり奥まった室内は日中でも薄暗い。こうして上海の夜は更けていく。……

イギリス人たちの贅沢な暮らしや、「自由」な感覚は、強圧的な「砲艦外交」によって得られたものだったが、人々はそれを当然のように享受していた。二〇世紀に入って住民の数も増え、社会の構造が複雑になった時、イギリス人たちはかつての暮らしを振り返って「古きよき時代」と呼んでいる。

娯楽・社交生活

草創期の租界は男性中心の社会だったので、人々は余暇に野外でのスポーツを盛んに行なっていた。乗馬、クリケット、ラケットテニスなどのほか、川や運河の多い土地柄を生かしてヨット、レガッタといった水上スポーツも人気だった。同好の士はクラブを結成し、定期的に集まりを持つ。通信手段の乏しい時代においては、これらのクラブの会員になることは、職場以外の人と知り合い、幅広く情報交換をするためにもメリットがあった。一八六二年、複数の大商人の寄付によって「上海娯楽基金」が設立され、競馬場のコースの内側に運動場が作られた。球技のコートやクラブハウスを利用することで、各クラブは定期的な活動が維持できたのである。

租界が草創期から発展期に移っていく時代に、上海娯楽基金は住民の福利厚生のために大きな働きをした。バンドのパブリックガーデンも、基金の援助によって作られたものである。一八六四年には、やはり基金の援助を受けて、初の本格的な社交場である上海クラブがバンドの一角に建設された。

一九〇九年にリニューアルされた上海クラブは、正面にギリシア風の円柱がそびえる堂々たる建物である（現在は閉鎖中）。大理石の階段をのぼって玄関ホールに入ると、中二階にヨーロッパの劇場のようなバルコニーが張り出している。奥には世界一長いと言われた三〇メートルものバーカウンターがあった。時代はだいぶ下るが、一九三三年にロイター通信の記者として上海に赴任したイギリス人は、当時のクラブの様子に強い印象を受けている。

バンゴール卿は、上海クラブを、「安っぽい施設」で、「船員や、国際的な冒険家、阿片の密売人、白人奴隷商人、それに美女などのたまり場」だろうと想像していたので、初めて訪れた時にはがっかりした。イギリス国王の宮廷を思わせるほど厳粛な場所だったからである。けれど、例の長いカウンターには感心した。ことに土曜日の正午過ぎ、週末を控えて客が押しかけたときは壮観だった。白い上着の中国人のバーテンたちが、カウンターの端から端まで、お互いの肘《ひじ》がぶつかりあうほどの持ち場を割り当てられ、八人ずつの列を作った会員に飲物を注いでいたという。カウンターの一端は鉤《かぎ》の手になっていた。長くはないが、一部分がバンドと並行に伸び、大手の銀行や商社の支店長たちの特別席になっていた。招かれなければ、誰もそこでは飲まなかった。

（ハリエット・サージェント『上海　魔都100年の興亡』浅沼昭子訳）

上海クラブは入会審査が厳しく、入会金が高いので知られ、女性と中国人は入ることができなかった。会員はイギリス人上流階級が中心で、少数のアメリカ人、フランス人、ドイツ人もいた。入会希望者の名前は一定期間クラブのロビーに張り出され、最終的に会員加入委員会のメンバーが可否を決定する。賛成の者は「I know him.」（その人を知っているよ）と言い、反対の者は「I don't know him.」（知らないね）と言う。租界の顔役でもある会員加入委員会のメンバーに、存在を認められることが肝要なのである。

一九三〇年代までに、日本人で上海クラブに加入できたのは、総領事のほかは、在華日本紡績同業会総会専務理事の船津《ふなつ》辰一郎《たついちろう》と、聯合通信上海支局長の松本重治《まつもとしげはる》だけだった。松本の場合は、ロイター通信極東総局長チャンセラーの引き回しがあって、ようやく加入が実現したのである。「こうして、上海クラブのメンバーになり、昼めし前に、バーかロビーかで張っていると、会いたい人はたいがいつかまえられて、仕事の話もできた。これが英国風クラブの主たる効能だと初めて知った」（松本重治『上海時代』）。

上海クラブ

租界が発展期に入り、ヨーロッパから家族同伴でやってくる人が増えると、女性の数も大幅に増えた。演劇、音楽会、舞踏会など女性も参加できる催しが開かれるようになり、従来のスポーツ系のクラブに加え、文化系のクラブがいくつも設立された。

たとえば、一八六六年に発足したアマチュア演劇クラブは、素人ながら質の高い舞台で人々を大いに楽しませた。クラブが公演を行なったのは、ライシャムシアターという専用の劇場だった。「ライシャムシアター」の名は、ロンドンの伝統ある劇場（一七九四年創設）にちなんだもので、イギリス人たちが祖国の舞台を懐かしみ、お手本にしていたことがよくわかる。この劇場の建設も上海娯楽基金が援助し、二代目、三代目と再建を繰り返して、今日なお旧フランス租界の一角に優美な姿を残している（現在の蘭心大戯院《らんしんだいぎいん》）。

一八六四年には上海フィルハーモニック協会が結成された。アマチュアによるオーケストラで、プロのフランス人音楽家が指揮を務めた。単独の演奏会だけでなく、アマチュア演劇クラブの公演にも参加し、劇場の雰囲気を盛り上げるのに一役買っていた。まだ録音技術がないこの時代、演劇の効果音や伴奏には、生演奏が不可欠だったのである。

若い娘たちは演劇や音楽会の舞台を賑わせ、主婦たちはパーティーの準備や、教会の行事に忙しい。租界の外国人コミュニティが小さかった頃、娯楽や社交はすべて住民の「手作り」で行なわれた。金持ちは金を出し、土地持ちは場所を提供し、演劇や音楽の才能を持つ者はそれを惜しみなく捧げて人々を楽しませた。上海の外国人たちの「古きよき時代」は、このようないわば「相互扶助」の精神で支えられていたのである。

3 激変する社会

産業革命の進展

一八六〇年代、太平天国の乱による難民人口急増で、にわかに起こった不動産景気が過ぎ去ると、上海の経済は一時停滞した。古くからある商館や銀行のいくつかが破産したが、外的脅威が取り除かれたあとの租界は、以前より一層確かな発展を始めた。一八七〇年代以降、街のインフラ整備も着実に進み、電信（一八七一年）、電話（一八八二年）、電気による街頭照明（一八八二年）、水道（一八八三年）などのサービスが開始される。人々の暮らしの質が向上すると同時に、貿易ないし不動産一色だったビジネスにも、多角化のきざしが見えてきた。

租界に残っていた「古きよき時代」の雰囲気が一掃されたのは、一九世紀末のことである。一八九四年に始まった日清戦争に敗れた清朝は、下関条約（中国語では馬関条約）で、日本がすべての開港場において工業や製造業を営む権利を認めた。イギリス、フランス、アメリカなども、最恵国条款によって同じ権利を得、大量の外国資本が中国国内に流れこむことになった。清朝の弱体化を見て取った列強は、より大きな利権を求め、中国の分割＝植民地支配を進めることになる。

上海では外国の投資によって産業革命が進み、紡績業などが急激に発展した。イギリスにとっては新たなチャンス到来だった。これまでイギリスは中国を、ランカシャーなどで大量生産された繊維製品を売りさばく市場と見なしてきただけだったが、今後は国内同様の最新設備を備えた工場を上海に建て、中国の安い労働力を使って生産することができるようになったのである。

折しもイギリス人の茶の嗜好が中国茶からインド茶・セイロン茶に移っており、上海から積み出される茶の量は、一八八〇年代をピークに減少していた。イギリスはインドやセイロンで大規模なプランテーション生産に成功しており、茶葉の種類もそちらの方が紅茶に適していたのである。新茶を一刻も早く届けようと競い合うクリッパー（高速帆船）のにぎわいは、上海の港から姿を消しており、その代わり工業機械や原料を満載した大型蒸気船が、黄浦江に浮かぶようになったのである。

多くの工場が建設され、生産・消費が盛んになったことは、それまでもっぱら貿易で栄えてきた街の性格を一変させた。働き口を求める労働者が周辺地域から殺到し、上海の人口は急増した。その結果、一八九九年には共同租界の大規模な拡張が行なわれ、翌年フランス租界も拡張される。

一九〇〇年の共同租界の人口調査では、外国人の数は六七七四人、それに対して中国人の数は三四万五二七六人と、約五〇倍に及ぶ。中国の伝統的な価値観では、外国人のために働くのは卑しいこととされてきたが、上海に暮らす中国人はより現実的な選択をした。外国人経営の会社、商店、工場で働くだけでなく、使用人となって家庭に入り、家事や子守をしたのである。そうした仕事にありつけない者は、車夫になるか、港で労働者として働いた。外国人が上海で生きていくのに中国人の労働力は必要不可欠であったし、貧しい中国人にとっては、外国人は雇用を生み出してくれるありがたい存在であった。租界に資産を移し、事業を展開する中国人富裕層も増えていた。大きな船を買って運送業に乗り出したり、「銭荘《せんそう》」という貸し金業を営む者が現れ、租界の経済活動の一端を支えるようになる。

さらに、多数の労働者の消費や娯楽を満たすために、飲食店や劇場、妓楼《ぎろう》などが多数建てられ、繁華街が形成された。共同租界のメインストリート、南京路は、バンドから数ブロックの間は外国人の使用する建物が並んでいたが、その先（西方向）は中国式の家屋が密集し、一九世紀末には中国語の看板があふれる商業地となった。

イザベラ・バードの観察

一八九五年末から九六年六月にかけて、朝鮮半島と中国を巡ったイギリス人女性旅行家イザベラ・バードは、帰国後に発表した『揚子江流域とその奥地』（邦題『中国奥地紀行』）の中で、上海について報告している。「アジアにある英国的な呼び物には少しの憧れも抱かない」イザベラであったが、「東洋の模範租界」である上海については、「世界最大の貿易拠点の一つとしての地位と重要性」から無視することができなかった。彼女の目に映った港のにぎわいはこんなふうであった。

上海を流れる四マイル［六・四キロ］の間、黄浦江の両岸は圧倒されそうな活気を呈し、動きののろい東洋に対する西洋の優越性が見て取れた。そこには、大きな倉庫群、埠頭、建物、乾ドックや、製糸場、紡績工場などありとあらゆる「工場」が建ち並び、煙突のもうもうたる煙や、絶え間ない金属音は、資本とエネルギーの存在を遺憾なく示していた。（中略）三本マストや四本マストのアメリカのものをはじめとする帆船が、川の中ほどに錨《いかり》を下ろしたり、タグボートに曳《ひ》かれて川を上下していた。時には自力で動く巨大な定期船が水路の大部分を占めるように通り、その舳先《へさき》を無鉄砲に横切る小舟に向かって乗組員が気が狂ったようにわめいていた。（中略）

英国バンドは蘇州河によって虹口《ホンキュー》と分けられ、フランス租界まで少なくとも一マイル［一・六キロ］はある。この間に、銀行・商館・ホテルや民家が軒を連ねている。大変評判が高く立派なその民家は、英国と東洋の折衷様式で、家のまわりには大きな庭園がめぐり、木陰をなしている。香港上海銀行や「ピー・アンド・オー」会社［当時英国最大の海運会社＝引用者注］やカナダ・パシフィック鉄道会社の事務所、古くて有名なジャーディン・マセソン商会の立派な事務所や住宅、さらには、広々とした芝生と長いファサードのある英国領事館の建物は、ことのほかすばらしい。

（イザベラ・バード『中国奥地紀行』金坂清則訳）

港に降り立った時、彼女は「群衆の少なくとも半数はいる女性がとても美しい身なりをし、裕福で満ち足りた表情にあふれているのに強く印象づけられた」。その女性たちとは、イザベラを出迎えたイギリス人だけでなく、中国人女性をも指しているようだ。イザベラは上海租界において「中国的要素がこれほど〈目立つ〉」とは思いもよらず、街で裕福そうな中国人を見かけては驚きを隠せなかった。

彼女によれば、上海の「東洋の模範租界」たる所以《ゆえん》は、工部局による統治が行き届き、市民の税金が「全体の満足」のために使われているからである。「正しくて実に効果的な英国の地方行政あればこその成果が、東洋全体に示されて」おり、中国人たちも「外国人統治の気楽さと公正さをよくわかっているし、その下で自分たちが種々の利益を享受できていることもわかっている」。上海の街の繁栄は、イザベラの大英帝国市民としてのプライドをくすぐったようだ。

本書第6章で述べるように、上海が生産・消費の一大拠点として、チャンスを求める中国人を引きつけたことは確かである。外国人が支配しているため、清朝末期の動乱による影響を直接受けず、安全だったことも理由の一つであった。上海はもともと港町であり、船員などの流動人口が多かったが、ここにきて「移民の街」としての性格がますます強くなっていったのである。

そのような街の変化は、外国人の暮らしにも影響を与えた。かつて、イギリス人住民の大半を占めた貿易会社の社員たちは、ビジネスで成功してひと財産作ったら、短期間で故郷に帰るのを常としていた。上海は彼らの人生の通過点に過ぎなかったのだ。しかし二〇世紀になって、上海が変動期に入ると――おそらくはイザベラのような観察者の話を伝え聞いて――これまでとは異なる種類の人々がやってくるようになった。上海で「ひと旗あげる」ことを目標とする者、本国での生活に見切りをつけた者などである。上海の自由さや、贅沢な暮らしぶりにあこがれて、彼らは自ら極東の地にやってきた。上海の土地に根を下ろす「上海ランダー」（Shanghai lander）となることを覚悟して、海を渡ったのである。

格差社会の移民たち

二〇世紀前半、上海社会の様相を最も大きく変えたのは第一次世界大戦だった。ヨーロッパで始まった戦争は遠く上海にも波及し、イギリス商人は軍事に転用するため持ち船を本国に戻さなければならなくなった。船がなければ貿易は成り立たず、輸送費は高騰し、商工業も停滞した。一九一七年に中国政府がドイツ、オーストリアに宣戦布告すると、両国は最恵国待遇の特権を失い、バンドのドイツ銀行は閉鎖され、黄浦江のドイツ船とオーストリア船は抑留された。欧州本国の利害を直接反映しないはずの共同租界でも、参事会のドイツ人参事が辞任を余儀なくされた。イギリス人たちの反ドイツ感情は高かったのである。本国へ帰って従軍し、戦死したイギリス人の名簿が新聞に掲載されるようになるとなおさらであった。

イギリスやフランスの資本が後退した代わりに、アメリカや日本の資本が進出し、上海の勢力地図は塗り替えられることになる。人口の変動も大きく、一九一五年には日本人がイギリス人の数を抜き、租界の外国人の中で第一位となった（第2章参照）。

大戦中、約五〇〇人ものイギリス人が従軍するために上海を離れた。イギリス人成年男子の減少は、イギリス人中心で運営されている工部局の体制にも影響を与えていた。だからこそ、たとえば戦後の一九一九年に、工部局警察は七四人ものイギリス人を本国で募集し、上海で勤務させた。彼らの多くは復員軍人や農村出身の労働者で、戦争で疲弊したイギリス国内で職にありつくことができず、新天地を求めて応募したのである。

彼らはそもそも都会で暮らしたことがなく、当初上海の繁栄に幻惑され、中国人のボーイを使う身分になっただけで喜んだ。しかし上海のイギリス人社会は国内における階級意識をそのまま持ち込んでおり、貴族や大商人から見れば、警察官などはものの数にも入らなかった。同じ国の人間に軽んじられる一方、中国人の前では大英帝国の威光を示す存在でなければならないという、複雑な立場に置かれるうち、彼らの心理は屈折していく。イギリス湖水地方の小さな町出身のモーリス・ティンクラーは、そうした警察官の一人だった。

「ああ、ここはすごいが、小さくて古い街だよ」とモーリスは書いている。「ご婦人方はどなたも皆、日がな一日、衿《えり》の開いたドレスに、一〇〇〇ドルもする毛皮のコートをお召しになり、大きな自動車に乗ってお出ましになる。あの連中の唯一の仕事と来たら、たくさんの毛皮と衣装をお買い求めになることだけだ」。あいつらは「俺が仕立てたばかりのスーツを着るように頻繁に新車を買いやがる」と彼は報告している。もちろん彼らはそんなことをしていなかったが、これみよがしに富を見せびらかされることは腹の立つことだった。(中略)「いまにものすごい暴動でも起こって、ちっぽけで傲慢な地元の大金持ちと欲の皮の突っ張った奴らが束になって殺されちまえばいいんだ」

(ロバート・ビッカーズ『上海租界興亡史』本野英一訳)

上海に生きる人々の間には明らかに格差が存在したが、それは支配者たる外国人と被支配者たる中国人という人種間の格差だけではない。同じイギリス人の間にも、貴族や大商人などの上流階級、中産階級、労働者階級の区別が厳然とあった。そしてその差は二〇世紀に入ってますます大きくなっていった。

大会社の支店長や幹部社員は、平日はバンド界隈のオフィスで働き、週末はフランス租界の別荘で過ごす。毎日出社する必要もない上流階級は、みな並木道の美しいフランス租界に邸宅を持っていた。一九三〇年代に至っても、上海の上流階級の意識は、基本的に一九世紀の「古きよき時代」と変わっていなかった。中国語を覚えることもなく、最低限のピジン・イングリッシュを用いて使用人に命令し、自らは社交や娯楽に忙しかったのである。

サマセット・モームの皮肉

一九一九年と二〇年に中国を訪れたイギリスの作家、サマセット・モームは、中国での見聞を皮肉っぽい筆致でスケッチ風に書き残している。彼が招かれた上海のお偉方による晩餐会とは、以下のようなものであった。

ここのパーティーには、イギリスではもはや消え去った華やかさが感じられる。マホガニー材のテーブルが銀の食器の重みの下で呻《うめ》いている。雪白のダマスク織のテーブルクロスの中央には、若い頃に慈善バザーでいやいや買わされた黄色い絹のセンターピースが置かれ、その上に堂々たる飾り皿が立っている。背の高い花瓶に大菊が活けられて並び、テーブルの向いの人の顔がほとんど見えないくらい。二本ずつ蠟燭《ろうそく》を並べる背の高い燭台《しょくだい》が堂々と整列している。コースの一つ一つに適当な酒が添えて出される。スープにはシェリー、魚には白ワインが。アントレが二つ、鳥とビーフがあって、一八九〇年代の注意深い主婦なら本式の晩餐会には絶対に不可欠と思っていた通りのものだ。会話はコースに比べるとあまり変りばえしないだろう。何しろ主人も客も過去の我慢のならぬほど長い年月、ほとんど毎日のように顔を合わせているのだから。どんな話題が出されても必死になってだれないように盛立てるが、すぐに退屈になって、恐ろしい沈黙がその後やって来る。競馬やゴルフや狩猟の話をする。抽象的話題は作法に反すると思っているし、政治についての話題は出しようがない。中国については全員がうんざりしているから話題にしたくはない。中国については仕事に必要なだけのことしか知らないし、中国語を勉強している人間なんか不信の目でしか見ない。(中略)パーティーにやって来たのは、他に何もすることがないからなのだ。でも、礼儀を失することなく帰れる時が来ると、ほっとして帰って行く。お互いにうんざりしているからだ。

(サマセット・モーム『中国の屏風』小池滋訳)

作家の意地悪い視線を割り引いたとしても、一九二〇年代の上海におけるイギリス人上流階級の特徴がよくわかるだろう。大戦を経て様変わりしたイギリス本国とは対照的に、上海の人々は相変わらず旧来の礼儀作法を守り、狭い人間関係の中で生きている。中国の言語や文化に対する理解も深いとは言えず、何事も会社の利益第一に考えているという様子だ。

先に紹介した警察官、モーリス・ティンクラーのような人物は、上海のお偉方の贅沢な「退屈」など想像しようもなかった。工部局職員や警察官の給料は、銀行や大会社で働くサラリーマンのそれに遠く及ばず、経済的には下層に位置していた。独身の警察官は、イギリス女性と結婚して早く落ち着くよう上司から促されたが、容易に相手が見つからないのが実状だった。どんな女性も、より上の暮らしを夢見たからである。上海という消費社会において、とりわけ経済格差は誰の目にも明らかなものだったため、貧しい者たちの不満は大きかった。一九二九年に始まる世界恐慌以後、上海でも失業者は増加したが、故郷へ帰ろうにも船の運賃すら持たない人々もいた。

上海にはイギリスから働きに来た人々だけでなく、イギリス支配下のインドから来た人々もいた。街角ですぐそれとわかるのは、頭に赤いターバンを巻いたシーク教徒で、彼らは工部局警察官として交通整理などにあたっていた。彼らもまた第一次世界大戦による人員不足から雇用された人々で、一定割合の者に家族帯同で上海定住を許すという優遇策に惹《ひ》かれてやって来たのである。一九三五年にはインド籍の人々は共同租界内に二三四一人と、日本、イギリス、ロシアに続いて第四位となっている。

ちなみにフランス租界では、編み笠をかぶった安南人（ベトナム人）巡査が目についた。フランス領インドシナからやって来た人々である。一九三四年にフランス租界に住む安南人は約一〇〇〇人いた。

上海はこのように、ヨーロッパの国々だけでなく、植民地支配下のアジアの人々が出稼ぎに来る場所ともなっていた。世界各国からの「移民」の存在は、あとで述べる「難民」とともに、租界の外国人社会をより複雑にしていった。

繁栄のピーク

一九二〇年代から三〇年代の、いわゆる大戦間の時期に、上海は繁栄の極みに達していた。商工業の飛躍的な発展によって、金融の一大センターとなった上海を象徴するように、バンドには各国の銀行が建ち並んでいた。その中央には、イギリスの植民地支配を象徴する香港上海銀行と、イギリスが牛耳る江海関（税関）が隣り合って建っていた。

一九二三年に新築された香港上海銀行のビルは、白亜のドームをいただく新古典主義の壮麗な建物で、竣工当時「スエズ以東で最高の建築」と賞賛された。現在に残るその建物は外観ばかりでなく、内部の装飾もすばらしい。正面玄関の回転ドアから中に入ると、大理石の円柱に支えられた八角形のホールが広がり、見上げると八つの辺を彩る精緻《せいち》なモザイク画がある。この銀行がオフィスを置く世界の都市――上海、香港、東京、カルカッタ、バンコク、パリ、ニューヨーク、ロンドン――を、それぞれの風景と女神の姿で表しているのである。

香港上海銀行

上海の女神はギリシア風の衣装をまとった航海の女神で、左手に船の舵を抱え、右手を額にかざして行く先を見はるかしている。足下には一隻の帆船をはさんで、裸の背中を向けた男性と衣装をつけた女性が控えているが、それぞれ長江と海を表しているという。ニューヨークの「自由の女神」や、パリの「自由・平等・博愛」の文字盤を抱えた女神と並べてみると、上海がまさに自由な通商の守護神として位置づけられていることがよくわかる。これこそ、当時のイギリス人の上海観を象徴しているのだろう。

イギリス人にとって、上海は植民地香港以上に重要な場所であり、対中投資の大半は上海共同租界に集中していた。共同租界で外国人が所有している土地のほとんどはイギリス人のもので、二〇世紀初頭には九〇パーセント、一九三〇年代に至っても七八パーセント以上を占めていたという。上海は商人たちにとって、国家の束縛をほとんど受けずにビジネスができる貴重な場所だった。彼らは租界が永遠に存続することを信じたからこそ、莫大な投資を続けたのである。

「反英」運動

しかし、租界がもともと外国人の居留地に過ぎず、依然として中国の領土であることは、次第にイギリス人の足下を脅かすことになった。第一次世界大戦は、ヨーロッパの様相を変えただけでなく、中国人のナショナリズムを覚醒させるきっかけにもなったからである。一九一五年の日本による二一ヵ条要求を契機とし、一九一九年のパリ講和会議の際には、戦後処理に不満を持った学生・市民らが北京で激しいデモを行ない、いわゆる「五四運動」を惹き起こした。上海では日貨排斥運動や日本資本の工場における労働争議が頻発し、日本人居留民に大きな不安を与えた。

一九二五年に南京路で起こった「五・三〇事件」は、列強の植民地支配を揺るがす最大の事件だった。発端は五月一五日、日本の「内外綿」第七工場で起こった労働争議で、日本側の発砲により死傷者が出たことである。死亡したのは労働者側のリーダーであった共産党員で、これに抗議する学生・市民が五月三〇日午後、南京路に集結してデモを行なった。ふくれあがった群衆を制止しようとした工部局警察が発砲し、十数名が死亡した。発砲命令を出したのはイギリス人警部で、警官隊はインド人と中国人から構成されていた。

上海の学生・知識人は、人種差別や経済格差といった社会問題は、根本的には租界の存在に由来すると考えており、租界こそは列強の帝国主義・植民地主義の象徴であると訴えた。批判の矛先は支配の中枢たるイギリスに向かい、発砲事件に憤激した中国人たちは「反英」「租界回収」を叫び、全市を巻き込んだゼネストに発展したのである(「五・三〇運動」)。

一九二七年二月、国民革命軍による北伐《ほくばつ》(第6章参照)と、それに呼応して頻発した反英運動を受けて、イギリス政府が漢口と九江のイギリス租界を返還したことは、上海のイギリス人を大きく動揺させた。イギリス政府は、大陸進出の野心を露骨に示し始めた日本を意識し、中国との関係改善を図ったが、こうした考えは上海の人々には容易に受け入れられなかった。上海のイギリス人の中には、日本の中国に対する強圧的な態度を歓迎し、軍事的圧力によって、上海における外国人の支配を永久化したいと考える者もいた。彼らは既得権益の維持を最大の目標としていたため、イギリス政府のねらいを理解できず、かえって本国の外務省や公使館に反感を持つようになったのである。

一九三二年に第一次上海事変が起きた時、日本軍と中国軍の戦闘は租界の外で行なわれ、外国人はビルの屋上から「高みの見物」をすることができた。しかし近代戦争を初めて間近に見たことや、戦闘地域から大量の中国人難民が押し寄せたことで、人々の不安は高まっていく。租界の将来に対する不安は、おそらく各自が有する権益の大小に比例していた――上流階級は多く、下層の人々は少なかった。前出のイギリス人警察官モーリス・ティンクラーが、金持ちに対する腹立ちから抱いた願望――「いまにものすごい暴動でも起こって、ちっぽけで傲慢な地元の大金持ちと欲の皮の突っ張った奴らが束になって殺されちまえばいいんだ」――は、彼の単純な空想とは全く違った形で展開されることになった。すなわち、その後、日を追って大きくなった日本の軍事力によって、イギリス人の支配は幕を閉じるのである。

擡頭する日本

一九三七年八月一三日に始まった第二次上海事変により、上海北部では激しい戦闘が繰り広げられ、推定四〇万人もの中国人難民が共同租界に逃げ込んだ。八月一四日には中国軍の爆撃機が、黄浦江上の日本軍艦を攻撃するつもりで誤って南京路に爆弾を落とし、一〇〇〇人以上の難民や市民が死亡するという惨劇が起こる。

日本軍は租界の中立性を尊重し、租界に進軍することはなかったが、一二月三日には共同租界を貫くヴィクトリー・マーチ（戦勝記念行進）を行ない、六〇〇〇人の兵士が南京路を通過した。以後租界の行政や治安維持に対する日本の発言力が増し、イギリス人中心の工部局の権威は急速に弱まっていく。

租界の勢力地図が塗り替えられたことを示す一例は、工部局参事会の日本人参事が増えたことである。参事会では租界内の勢力を反映し、国籍別に実質的な「定数」が決まっていた。日本は第一次世界大戦開戦後の一九一五年に初めて参事を送り込み、第一次上海事変後の一九三二年からはずっと二人の枠を維持していた。一九三八年以降、日本はさらに人数を増やそうと、参事会の投票権を持つ納税者らに働きかけを強めたが、イギリス（定数五）とアメリカ（定数二）が結束して選挙に臨み、日本の挑戦を退けた。

しかし緊迫する国際情勢のもと、一九四一年四月の選挙では、イギリスとアメリカはついに譲歩せざるを得なかった。「暫定協定」に基づいて、英・米・日の参事の数はいずれも三人の同数となり、日本は参事会副議長のポストも手に入れた。その上、傀儡《かいらい》である南京の汪《おう》精衛《せいえい》（汪兆銘《ちょうめい》）政権の代表を二人参加させることにも成功したのである。工部局行政の要である参事会で、長年にわたって絶対的優位を占めてきたイギリスは、こうしてその地位を追われたのだった。

租界は日本軍の占領地域にぽっかりと浮かぶ「孤島」となり、それまで楽観的だった外国人もさすがに日本軍の脅威を感じずにはいられなかった。日中戦争開戦後、南京攻略戦の様子が世界に報道されたことや、同じ時期に南京近くで、英米の軍艦・商船が日本軍の爆撃を受けた事件などのために、「残酷」で「野蛮」な日本軍に対する恐怖と憎悪が、急速に広まっていったのである。

日本軍のヴィクトリー・マーチ　南京路（1937年）

太平洋戦争が始まるまでの数年間、租界の暮らしは常に緊張をはらんだものとなり、抗日テロや白昼強盗などの犯罪が急増した。しかしイギリス政府にとって、上海は結局のところ我が領土ではなかった。上海の企業経営者らの期待とは裏腹に、本国から遠く離れた「自由都市」を守りぬくつもりはなかったのである。

支配の終焉

一九四〇年八月、イギリス軍主要部隊は上海から撤退し、同年一〇月には、居留民に「残留する然《しか》るべき理由がない」場合は上海を離れるよう、勧告が行なわれた。ここに至って、イギリス人企業経営者たちも、もはや上海が聖域であり続ける見込みはないことを悟ったのである。

ジャーディン・マセソン商会上海支店長で、工部局参事会議長を務めたウィリアム・ジョンストン・ケズウィックが、一九四一年四月末に上海を離れた時、イギリス人社会は言いしれぬ悲哀に包まれた。ケズウィック家は、一九世紀以来三代にわたる上海の名家で、初代のウィリアムは上海を拠点に日本へも進出し、横浜に「英一番館」を開いたことでも知られる。三代目のウィリアム・ジョンストン（愛称トニー）は、横浜生まれであった。弟のジョンと共に、ケンブリッジ大学トリニティ・カレッジで学んだあと、一九二六年に香港へ渡り、ビジネスのイロハを学んだ。その後父ヘンリーの跡を継ぎ、二〇代の若さで上海支店長に就任。背の高いハンサムボーイで、乗馬やポロに巧みな彼は、すぐさま上海社交界の花形になった。一九三六年に初めて工部局参事会の参事に当選し、三九年に副議長、四〇年には議長を務めた。

横浜生まれで日本には深い感情を持っていたトニーが、日本との関係が悪化するこの時期、参事会の要職を務めたことは、まさに因縁だったと言えよう。一九三七年の第二次上海事変のあと、日本軍がヴィクトリー・マーチを強行した時も、彼は参事の一人として日本側の説得にあたった。

トニー・ケズィックは日本人に、伝統を尊重してほしいと訴えた。ロンドンのシティーに武装した軍隊が入ることを禁止した古い条例を例にあげて、上海との共通性を強調したのである。彼は、日本軍の行進が共同租界に入るときに武器を預かるためのトラックを手配した。銃は彼らが租界を出るときにもどされた。「私たちは常に、彼らの興奮を鎮めるために、『世界中の視線が皆さんに注がれています。私たちは国際的な紛争を望みません』などと言い続けました。おかげで、この一件は何とか無事に終りました」と、彼は語った。（ハリエット・サージェント『上海』）

交渉の間、日本人は軍刀をちらつかせたというが、トニーは刀で脅されただけではなかった。彼が参事会議長を務めていた一九四一年一月の納税者会議では、参事の数を増やすために血眼になっていた日本人に発砲され、背から胸に銃弾が貫通する大けがを負ったのである。同年四月、議長の任期も明け、日本人参事が増えたのを見届けてから、彼は帰国を決意した。二五日夜、義勇隊の儀仗兵に見送られ、トニーはプレジデント・クーリッジ号に乗り込んだ。工部局総務局長、ジャーディン・マセソン商会の代表、駐留アメリカ海軍司令官など、上海の名士約一五〇人が桟橋で別れを惜しんだ。一九世紀半ば以来の「大班」たちの栄光が、ついに過ぎ去ろうとしていることを、みなわかっていたのである。

それでも帰る場所がある者はまだよかった。守るべき地位や財産を持たずに上海に渡ってきた下層の移民たちは、上海で長年暮らす間に、故郷の親兄弟との縁も薄くなり、イギリス国内に居場所を見つけることができなかった。オーストラリアやニュージーランドなど、大英帝国の領内に活路を見出そうとする人々もいたが、船の切符を買うこともできずに、なすすべもなくその日を送るだけの人々もいたのである。

工部局警察の警察官、モーリス・ティンクラーは租界の終焉を見届けることはなかった。勤務中の飲酒を理由に降格されたことを不満とし、一九三〇年に辞職したあと、彼は浦東にあるイギリス系捺染《なっせん》工場の労働者監督として勤務していた。ところが一九三九年六月、労働争議に巻き込まれ、拳銃を振り回したために、警戒中の日本軍兵士多数に殴打され、死亡したのである。イギリスの新聞は大々的にこの事件を報じたが、ティンクラー家の人々はそれまでほぼ一〇年間、息子の消息を知らなかった。

一九四一年一二月八日早朝、真珠湾攻撃とともに英米に宣戦布告した日本軍は、黄浦江に停泊中のアメリカ砲艦ウェイク号と、イギリス砲艦ペトレル号に降伏を迫った。ウェイク号は降伏を受諾したが、拒否したペトレル号は日本軍の集中砲火を浴びて撃沈され、その轟音《ごうおん》は上海の空を震わせた。

イギリス人の一〇〇年におよぶ支配はこうして終わりを告げた。残された「上海ランダー」たちには、「敵国人」としての屈辱と、長い収容所暮らしが始まるのである。

第2章　アメリカ人の情熱

1　モダン都市の風貌

繁栄の光と影

一九三一年八月、二三歳のアメリカ人女性が好奇心で胸をいっぱいにしながら上海の港に降り立った。彼女は客を取り合う車夫の群れに驚き、ぼろをまとった乞食たちの間をくぐりぬけてアスター・ハウス（現在の浦江飯店）にたどり着く。

……チェック・インには時間がかからなかった。ロビーで待たされることもなく、白いお仕着せに身を包み、追従笑いを浮かべたルーム・ボーイたちが、わたしたちをそれぞれの部屋へ案内した。彼らはわたしたちの些細な用事を足すために、廊下にある持ち場で待機しているのである。

波止場からリキシャに乗って一走りしただけで、わたしたちは普通の人々の階級からマンダリン＝ブラーマンの高貴な特権階級に昇格してしまった。廉価な苦力労働の異国にやって来た額にドルの印を付けた貴族に。

（ニム・ウェールズ『中国に賭けた青春』春名徹・入江曜子訳）

彼女の名はヘレン・フォスター（一九〇七〜九七、ニム・ウェールズは筆名）、のちに夫となったエドガー・スノウに続いて共産党支配区に入り、毛沢東をはじめとする指導者たちに取材した著作家である。その自伝『中国に賭けた青春』は、当時の上海租界におけるアメリカ人の様子を生き生きと伝えている。上海で暮らし始めた当初、アメリカ総領事館で秘書として働いたヘレン・フォスターは、若くして高給を取り、アメリカ人社会の上層部と日常的に付き合っていた。一方、「本を書く」という夢を持っていた彼女は、スノウらジャーナリストとも交流し、外国人たちの現状を冷静かつ批判的に見る目を養っていく。

上海に到着した最初の日の午後、ヘレン・フォスターはフランス・クラブ（現在の花園飯店）で催された「お茶とダンスの会」に顔を出した。ここは美しい庭園とプール、そして一流店顔負けのスプリングのきいたダンスホールで有名である。ヘレンを案内したアメリカ副領事は、「そこは真の上海で、あらゆる国籍の人々が顔を出す町でもいちばん人気のある場所だ」と説明した。ところがヘレンと同じ船で来たアメリカ人女性が、そこに集まったフランス人とイギリス人を見て「顔色が悪くて病気のよう」だと指摘した。「陽気」さが足りなかったのである。すると副領事はこう言った。「いまから一年も経つと、あなた方もみんなあんなふうになりますよ」「それが、ここに住むことの代償なんです」。この対話はヘレンに強い印象を残した。

若く健康で、体を動かすこととジョークの応酬を楽しむアメリカ人にとって、上海の外国人たちの暮らしは贅沢ではあるが、閉塞感が漂っているように見えた。ヘレンは故郷への手紙にこう書いている。「ほとんどの外国人たちは、上海はビルディングを収集し密閉したところだから、週末になっても行くところがないと愚痴をこぼします。でも、わたしにはそれが理解できません。近くでも遠くでも、川や運河や鉄道を利用して行けるところはいくらでもあるのです。自動車道路はないにもせよ……」(『中国に賭けた青春』)。

折しも上海が戦火に巻き込まれる直前、すなわち租界が繁栄のピークに達した時期だった。ヘレンの上海到着から一ヵ月後の一九三一年九月には満州事変が起こり、翌年一月には上海郊外で日本軍と中国軍が激突することになる(第一次上海事変)。最も華やかだった頃の街の様子がどんなふうだったか、それにもかかわらずヘレンの感じた閉塞感とはどんなものだったのかを、この章では見ていくことにしよう。

南京路

ヘレン・フォスターがエドガー・スノウと最初に待ち合わせをしたのは、共同租界随一の繁華街、南京路の「チョコレート・ショップ」（沙利文《サリバン》珈琲館）だった。「そこは清潔で衛生的なアイスクリームの一匙一匙が郷愁をさそう、中国のなかでももっともアメリカ的な場所であり、外国人が安心して牛乳を飲むことのできる唯一の新しい場所であった」とヘレンは書いている。この店はアメリカ人の船員サリバンが一九一二年に開業し、当時はランチも提供する喫茶店として、オフィス勤めの外国人に人気だった。アメリカで少女時代を過ごした孫文夫人の宋慶齢もお気に入りだったという。

共同租界では、街の東西を貫く通りに中国の都市の名前、南北を貫く通りに省の名前が付けられている。租界成立初期に作られ、街の骨格を成している東西の通りは、北から順に北京路、南京路、九江路、漢口路、福州路、広東路である（「広東」は省名だが、イギリス人が都市名の「広州」と混同し、誤って命名したという）。

バンドから競馬場（現在の人民公園）に至るメインストリートが南京路である（中国人は大馬路《ドウモウル》と呼んだ）。「南京」の名を付けたのは、南京条約によって上海を得たイギリス人の思い入れであろう。往時の南京路は現在の南京東路に相当し、後で述べる四大デパートをはじめ、衣料品店、宝飾店、食品店、カフェ、レストランなどさまざまな店が建ち並んだ。上海租界の繁栄ぶりが最もよくわかる場所である。

バンド・南京路周辺図（1930年代）

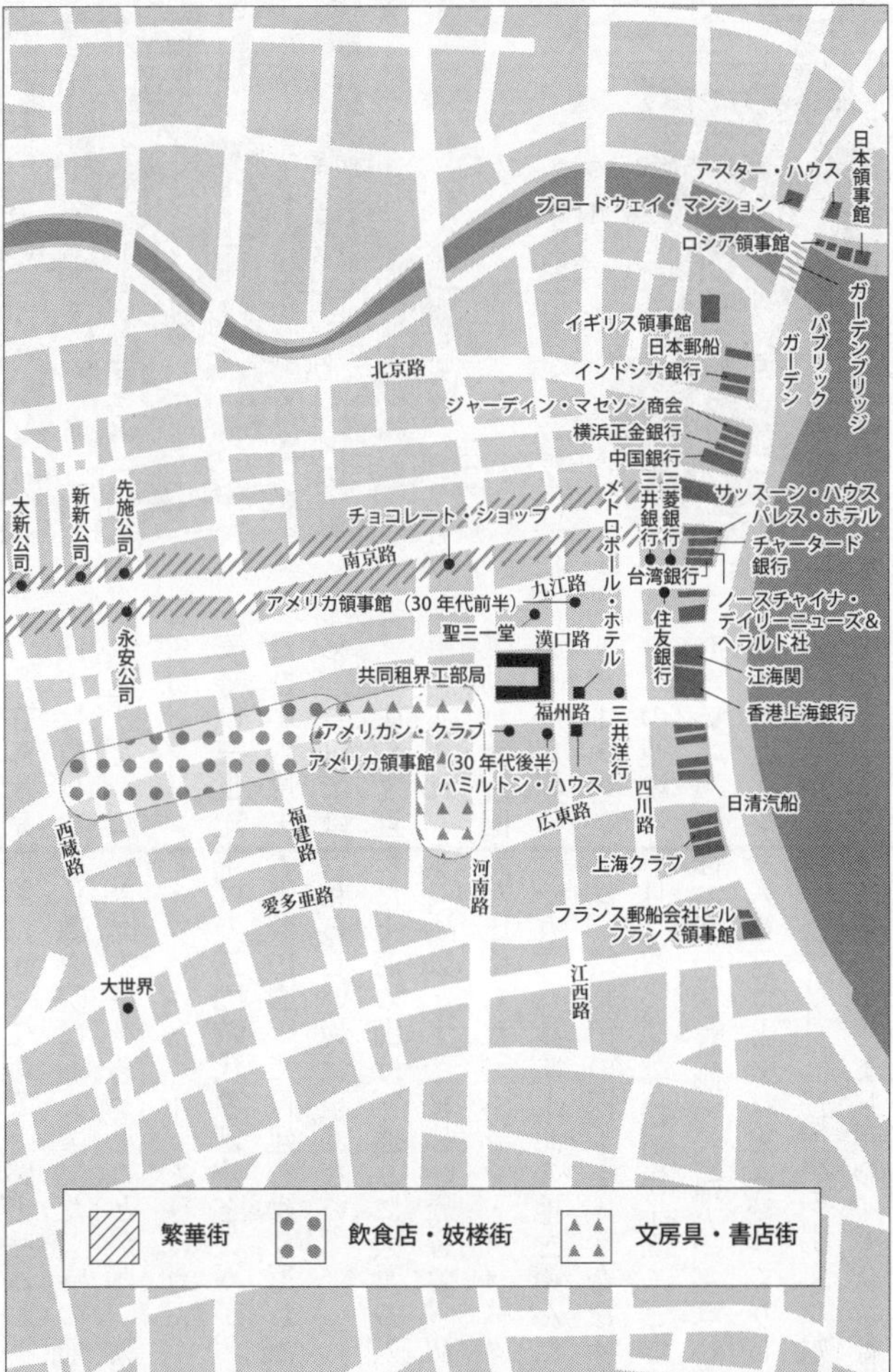
日本領事館
アスター・ハウス
ブロードウェイ・マンション
ロシア領事館
ガーデンブリッジ
パブリックガーデン
イギリス領事館
日本郵船
インドシナ銀行
ジャーディン・マセソン商会
横浜正金銀行
中国銀行
北京路
サッスーン・ハウス
パレス・ホテル
チャータード銀行
三菱銀行
三井銀行
メトロポール・ホテル
チョコレート・ショップ
南京路
大新公司
新新公司
先施公司
永安公司
台湾銀行
ノースチャイナ・デイリーニューズ&ヘラルド社
アメリカ領事館（30年代前半）
九江路
聖三一堂
漢口路
住友銀行
江海関
香港上海銀行
共同租界工部局
福州路
三井洋行
アメリカン・クラブ
アメリカ領事館（30年代後半）
ハミルトン・ハウス
四川路
日清汽船
広東路
西蔵路
福建路
河南路
上海クラブ
愛多亜路
フランス郵船会社ビル
フランス領事館
江西路
大世界
繁華街
飲食店・妓楼街
文房具・書店街

南京路　四大デパートの尖塔が林立する

現在の南京西路はかつて静安寺路と呼ばれ、市内では数少ない仏教寺院に通じていた。寺の前に気泡とともにわき出る泉があったことから、英語ではバブリング・ウェル・ロードと呼ばれた。静安寺は三世紀半ばの三国時代の創建というが、幾たびかの焼失・破壊に遭って再建を繰り返したため、今日では古刹《こさつ》らしい趣は全くない。

繁栄期を迎えた上海の街は、通りに大量の人と車があふれ、その活気とすさまじい騒音で、初めて訪れた外国人を圧倒した。ヘレン・フォスターより一足早く、一九二八年に上海の地を踏んだエドガー・スノウは、繁華街の様子を「珍奇なサーカスの連続」（『目ざめへの旅』松岡洋子訳）と形容している。半裸の苦力と着飾った婦人、「こわい顔をしたインド人警官」とそれを「びっくりしてみつめる田舎者」、乗り合い三輪車の陽気な娘たちとオースチンに乗ったすまし顔のイギリス青年。

散歩を楽しむ白人の老夫婦がいれば、「ロシア人の妾」も「ビールと女を求めている水兵」もいる。さまざまな人種と階層の人々がひしめく街を彩るのは、香水と食べ物とアヘンの匂いであり、「つばと痰を吐く音」や「赤ん坊の小便」であった。

スノウが街の様子を描写する時、こうも言っていることに注意しなければならない。「最初はわたしもまた上海を中国と感違《（ママ）》いしていた」。つまり当時の上海は、中国の都市の典型では全くなかった。上海は上海だったのである。

アメリカの風

上海にアメリカ文化の風が吹き始めたのは、第一次世界大戦の頃からである。イギリスやフランスが中国を顧みる余裕を失ってゆく間に、日本やアメリカの資本が急激に上海に進出し、両国の人々の姿が多く見られるようになった。特に日本人は開戦後の一九一五年の調査で一万一四五七人と、初めてイギリス人の数を抜き、共同租界の外国人の中で最大勢力となった。アメリカ人は一三〇七人で、日本、イギリス、ポルトガルに次いで第四位である（ポルトガル人は、植民地マカオからやって来た人々が多い）。

アメリカはイギリスと同時期に上海、天津に租界を獲得していたが、本格的な中国進出は一九世紀末と遅かった。一八六〇年代、上海のアメリカ租界がイギリス租界と合併したのは、行政や警察業務に携わるアメリカ人の数が少なく、蘇州河以北の広い地域を監督するのが困難だったからである。それ以後アメリカ人とイギリス人の協力関係は長く続いたが、第一次世界大戦にアメリカが参戦したことで、両者の親密さはより堅固なものとなった。戦争で疲弊し、影響力を弱めたイギリスの代わりに、今度はアメリカが上海の経済や社会に大きな影響力を持つようになる。

アメリカは第一次世界大戦から太平洋戦争の開戦までに、上海のあらゆる領域に投資を拡大していった。貿易、不動産、運輸、工業から、小売業、飲食業、葬祭業までと幅広い。上海のアメリカ商人は中小企業の経営者が多く、イギリス商人が少数の大会社を中心にまとまっていたのとは様子が違っていた。

アメリカの重点の一つはやはり貿易で、それまでずっと上海における貿易総額の首位を占めていたイギリスに代わり、一九一九年には一位となった。上海におけるアメリカ製品の輸入総額は、一九一九年にはイギリスを抜き、一九二八年には日本を抜いて一位となった。この状況は日中戦争が始まる直前の一九三六年まで続く。

アメリカが上海に向けて輸出した製品は木材、タバコの葉、車輛および船舶、紙製品（書籍を含む）、油脂製品（蠟燭・石鹼を含む）などで、アメリカ本国に輸入した製品は皮革・皮革製品、油脂、植物の種・実（食用）、繊維製品などである。租界が設立された当初、上海における貿易品は茶やアヘンなどに限られていたが、工業や運輸の発達に伴い、多種多様な製品を扱うようになっていた。

上海の中国人たちは、港町に特有の気質もあって、新しい物、珍しい物を柔軟に受け入れた。すでに二〇世紀の初頭には、「洋貨」は人々の暮らしの中に入り込んでおり、食品、酒、タバコ、小麦粉、石鹸などの消費量は外国人たちのそれをはるかに超えていた。アメリカが第一次世界大戦後空前の繁栄を迎えると、アメリカ渡来の製品――香水、ストッキング、ラジオ、自動車など――は、豊かさの象徴として人々のあこがれとなる。

そしてアメリカ人という存在もまた、上海の中国人の前に新しいイメージで現れた。アメリカ人の陽気さや、フレンドリーな物腰は、支配者然としたイギリス人に比べて親しみを感じさせた。イギリスと異なり、アメリカは中国と直接戦火を交えたことがないことも、好感を持ちやすい要因の一つであった。一九二九年の大恐慌はアメリカの発展を大きく後退させたが、その影響は遅れて上海に届いたため、ドルの威力はなおしばらく強かった。だから一九三一年に上海を訪れたヘレン・フォスターも「額にドルの印を付けた貴族」になることができたのである。

上海の摩天楼

上海に到着したヘレンが最初に目にしたのはバンドの風景だった。一九二〇年代の建築ラッシュを経て、一九三一年当時、バンドの風景はほとんど完成していたはずだ（二九ページ写真4参照）。

バンドは上海租界全体で最も地価の高い一等地であったが、ここに建ち並んでいる建物の中で、銀行が多いことが目を引く。数えてみると、香港上海銀行のほか、イギリス系のチャータード銀行（麦加利銀行）、フランス系のインドシナ銀行（東方匯利銀行）、日本の横浜正金銀行、植民地台湾の台湾銀行、中国銀行などがある。いずれも一九二〇年代から三〇年代までに建てられたものだ。貿易港として開かれた当初、バンドには貿易を営む商館が林立していたが、それらは二〇世紀の扉が開くのと前後して場所を移していった。そのあとにやって来たのが銀行であり、上海経済に金融業が大きな力を持つようになったことを反映している。上海には多様な文化が栄えたため「東洋のパリ」と呼ばれたことはよく知られている。そのほかに「東洋のニューヨーク」という言い方もあった。それはさまざまな国籍・人種が入り乱れる「移民の街」というイメージのほかに、経済、特に金融業が世界的に大きな影響力を持っていたことが理由だろう。バンドの一本裏（西側）の四川《しせん》路、二本裏の江西路にも大小の銀行が集中したため、この一帯は「東洋のウォール街」とも呼ばれた。

バンドの建築のほかにも、一九二〇年代以降のアメリカの影響をうかがわせるものが多数残っている。ニューヨークの摩天楼を彷彿とさせる建築の数々である。

たとえば競馬場（現在の人民公園）の北側、旧静安寺路に面した一等地に建つパーク・ホテル（一九三三年竣工、現在の国際飯店）はその代表である。この建物はバンドの香港上海銀行のような、ギリシア風の円柱をあしらったクラシックな形態とは全く違うデザインを持っている。二二階建て、八三・八メートルの高級ホテルは、当時東洋一の高さを誇り、現在でも地図上で上海の位置を示す際の基準点となっている。下層階は黒い花崗岩、中層以上は焦げ茶色の化粧タイルという落ち着いた外観だが、高層部の外壁が上へ行くほど階段状に幅を狭めて、てっぺんの尖塔に達している。そのデザインは建物の高さを際立たせており、下層階・中層階の飾り気のない外面と合わせて、すっきりとした現代性を感じさせる。これを設計したのはスロバキア出身の建築家ヒューデックで、パーク・ホテルの西隣に建つ高級映画館グランドシアター（現在の大光明大戯院）とともに、上海のアール・デコ様式建築の代表とされている。

パーク・ホテル

一九四一年当時、上海には一〇階以上のビルが二八棟建っていた。後で詳しく述べるサッスーン・ハウス（現・和平飯店北楼）や、ガーデンブリッジの向こうにそびえるブロードウェイ・マンション（現・上海大厦）、メトロポール・ホテル（現・都城飯店）やハミルトン・ハウス（現・福州大楼）などは、すべてパーマー

&タ一ナー設計事務所が手がけ、サッスーン財閥が所有した建物である。それらの外観はいずれも似通っており、簡単に言えば「真四角な箱ではない」のが特徴である。正面が凹レンズのように立体的な構造を持っていたり、上層部が上に行くほど階段状に狭まっていたりするのである。これは当時ニューヨークで実施されたゾーニング法（体積を制限するために建物高度などを規定した法）を意識したもので、狭い土地に高層建築を美しく、効率的に建てるための工夫であった。上海の建築家は、ニューヨークの摩天楼を建築の最新ファッションとして見倣《みなら》ったのである。

もちろん上海における高層ビルの数や高さそのものは、同時代のニューヨークにはとうてい及ばない。一九三一年竣工のエンパイア・ステート・ビルなどは高さ三八一メートル（塔部分を除く）、一〇二階建てで、上海のパーク・ホテルの四倍以上の高さがある。しかし、たとえば上海の工部局オフィス近くに向かい合うように建っているメトロポール・ホテルとハミルトン・ハウスは、その近接の具合から、実際以上に高さを感じさせる。この一帯が上海の経済の中心として「東洋のウォール街」と呼ばれたという事実からも、その「ニューヨークらしさ」がけっして嘘ではないことがわかるだろう。

サッスーン・ハウス

バンドから南京路への入り口に、緑の三角屋根の個性的な建物がある。上海経済を牛耳ったサッスーン財閥のオフィス、サッスーン・ハウス（一九二九年竣工）である。

サッスーン家のルーツはバグダッドのユダヤ人社会の長で、一族の一人エライアスが一八四五年に上海に進出し、サッスーン商会（沙遜洋行）を設立した。アヘン取引などで莫大な利益を挙げた同商会は、ジャーディン・マセソン商会のライバルとして有名である。一八六五年にはジャーディン・マセソン商会、デント商会とともに香港上海銀行の設立に参加した。

サッスーン・ハウス　5階から10階が上海最高級のキャセイ・ホテルだった

上海ではイギリス籍ユダヤ商人が何人も活躍し、後で詳しく触れるようにユダヤ人コミュニティの中核となったが、サッスーン家はその代表的存在であった。

エライアスの孫、エリス・ヴィクター・サッスーンは、ボンベイでの活動を経て一九二三年に上海にやってきた。彼は貿易中心だった事業を不動産重視に転換し、当時「上海の土地の五パーセントはサッスーン家が所有している」とささやかれるほど、土地の買収・開発に力を入れた。前項で紹介した数々の高層ビルのほか、キャセイ・マンション（現在の錦江飯店北楼）、グローヴナー・ハウス（現在の錦江飯店中楼）など、上海のランドマークとなる建物を次々に建設した。

エリス・ヴィクターの頭文字（EV）を取ってイヴと自称したこの「不動産王」は、サッスーン・ハウス最上階に作った自室から上海の富を見下ろすのを常としていたという。あのケズウィック兄弟と同じ、ケンブリッジ大学トリニティ・カレッジで教育を受けたヴィクターは、たくましい体でスポーツを好み、王立飛行クラブのメンバーとしても活躍していた。ところが第一次世界大戦中、イギリス空軍少尉として訓練中に事故に遭い、両足の下肢を切断する不幸に見舞われた。以後、杖なしでは歩くことができなかったが、イギリス紳士らしく競馬に熱心で、多数の名馬を所有する社交界の中心人物だった。まさに上海の富と名声を一手に握る存在だったのである。

サッスーン・ハウスの五階から一〇階まではキャセイ・ホテル（華懋飯店）として用いられ、上海最高級のホテルとして世界中から訪れる旅行客が宿泊した。そのグレードの高さは、シンガポールのラッフルズ・ホテルや、香港のペニンシュラ・ホテルに勝るとも劣らなかったという。各国の宿泊客をまるで家に帰ってきたようにくつろがせるため、イギリス風、フランス風、ドイツ風、イタリア風、スペイン風、インド風、日本風、中国風の部屋が準備されていた。

バンドを見下ろすメインダイニングでは総料理長のもと、イギリス人とフランス人のシェフ各一名、中国人の料理人七〇名の手によって、最高の贅を尽くした料理が供された。以下は一九三二年八月二一日、日曜日のディナーメニューである。

1　フルーツカクテル
2　トマトのクリーム
3　コンソメスープ（温製または冷製）
4　マンダリン・ドリア
5　魚の切り身のフライ
6　子牛のシュニッツェル　フランス豆、ジャガイモ、にんじん添え
7　焼きガモ　いちじく添え
8　チキンのタラゴンゼリー寄せ　ロシア風サラダ
9　冷製プディング道化師風
10　紅い梨
11　タバコ・小菓子
12　コーヒー

一九世紀、「古きよき時代」のイギリス人の食卓がさらに進化し、洗練されたようだ。もっとも食事の量はけっして減ってはいない。

アスター・ハウス

ヘレン・フォスターは「アメリカ的伝統」に従い、「贅沢な新しいキャセイ・ホテル」には行かず、アスター・ハウスに宿泊している。ここはアメリカ系の週刊誌『チャイナ・ウィークリー・レビュー』（中国名『密勒氏評論報』）の編集長パウエルが住み込んでいるホテルで、エドガー・スノウはその助手を務めていた。

アスター・ハウスは、租界の最も初期の商人であるイギリス人リチャーズが一八五八年に創業し、上海初の本格的洋風ホテルとして知られた（礼査飯店。「礼査」はリチャーズの音訳）。蘇州河にかかるガーデンブリッジ（外白渡橋）を渡ったところ、すなわち旧アメリカ租界の突端に位置し、一九一二年には同じ場所に規模を大きくして建て直された。かつては蘇州河の水際まで広がる庭が自慢だったが、そこには一九一六年にロシア領事館が建てられ、今日に至っている。

アスター・ハウスは優雅なロビーや広いビリヤード・ルームが有名で、バーで供されるカクテルは外国人たちに「極東一おいしい」と賞賛された。時代の流れに合わせてリニューアルを繰り返し、一九二三年に完成した豪華なボールルームは、専属バンドの生演奏で多くの客を惹きつけた。

　アスター・ハウスは二〇世紀の初め頃から、宣伝チラシなどで「東洋のウォルドフ・アストリア」と自称している。ウォルドフ・アストリアは一九世紀末（正確には一八九三年と一八九七年）に、ニューヨークの富豪アスター家が相次いで建てた二棟の高級ホテルのことである。アスター・ハウスは、二〇世紀以降の上海に続々と建設されたホテルとは一線を画し、伝統と格式を強調したかったのであろう。この「東洋のウォルドフ・アストリア」には、アインシュタインやチャップリンなどの有名人も宿泊した。

アスター・ハウス内のバー

　ちなみに日本全国に展開する中国料理店「銀座アスター」は、アスター・ハウスの名に由来している。創業者矢谷彦七は、東海汽船株式会社の社員として一九一〇（明治四三）年に上海に赴任し、アスター・ハウスの格調高いサービスに感銘を受けた。のち一九二六年、銀座に創業した際、その名を借りて「銀座アスター」としたという。ただし上海のアスターの綴りがAstorであるのに対し、銀座一号店の写真はAsterとなっているのがご愛敬である。日本人にはこの綴りの方がとおりがよかったのかもしれない。

2　娯楽と歓楽の街

四大デパート

一九三〇年代の上海は人口三〇〇万を抱える大都市であったが、経済状況による暮らしの格差は大きかった。キャセイ・ホテルで食事をし、サッスーン家のパーティーに招かれる人間はほんのひと握りだった。その一方、産業の発達によって、余暇に金を使うことのできる中産階級が形成されたことも事実である。会社・商店の従業員、中小の自営業者、公的機関の職員、教師などである。

上海における中産階級の中には、外国人もいれば中国人もいた。こうして少数の金持ちだけでなく、より幅広い市民を対象とした娯楽産業、サービス産業が発展していった。ショッピング、飲食、演芸、映画、そしてナイトライフ。多数派である中国人の嗜好に、時代の特徴であるアメリカの様式が入り交じり、のちに「上海モダン」と称される独特の大衆文化が栄えた。このような文化が存在していたからこそ、極東の小さな街は世界の人々を魅了することができたのである。

上海にできた最初のデパートは、イギリス人ホールが一八四七年に南京路に開いた小型百貨店であった。租界設立からまだ日も浅く、少数だった外国人たちのために、西洋食品の販売や服装・家具の加工を行なった。日常生活に必要な品を取り扱ったほか、のちには世界各地のブランド品の輸入・販売も手がけた。中国名を「福利公司《コンス》」というこの店は、イギリス最初の百貨店であるホワイトリー百貨店のモデルになったという。その後中国名で匯司、泰興、恵羅という百貨店が次々に登場し、市民の消費生活を豊かにしていった。

初期のデパートは、外国人や一部の中国人富裕層を相手とした高級路線だったが、二〇世紀以降の社会の大きな変化により、中産階級をターゲットにした、より大衆的なデパートが出現した。先施《シンシア》（一九一七年開業。現・上海時装公司）、永安《ウィンオン》（一九一八年開業。現・永安百貨）、新新《シンシン》（一九二六年開業。現・上海市第一食品商店）、大新《ダーシン》（一九三六年開業。現・上海市第一百貨商店）である。これらは南京路の「四大デパート」と呼ばれ、それぞれサービスを競い合った。

レジャースポット

四大デパートがいずれも外国資本ではなく、中国資本だったことも特徴的である。その先駆けとなった先施デパートは、広東出身のオーストラリア華僑によって先に香港、広州で開店し、そのあと上海に進出した。「先施」は世界初のデパートとされるパリのボン・マルシェの経営信条を表した言葉「Sincere」（誠実の意）の音訳であるという。

先施デパートは舶来ブランド品を豊富に取り揃え、人々の目を惹きつけただけでなく、比較的安い国産品や自家工場で作った商品を陳列し、顧客のさまざまなニーズに応えた。従来南京路に展開されていた中国商店は、服地なら服地、食品なら食品と専門が分かれていたが、先施デパートはそれらを一堂に揃えることで、商品を見て回ることの楽しさを人々に初めて教えたのである。

値引き交渉を前提とした従来の売買方式をやめ、正札制にしたことも画期的であった。値段の駆け引きがなくなったためにトラブルが減り、領収書を発行したことで顧客の信頼を得ることができたという。

また先施デパートは、女性店員を初めて雇ったことでも知られる。中国では従来、商店主の家族以外の女性が店頭に立つことはほとんどなかった。上海のデパートガールは、小学校か初等中学校を卒業した（つまり読み書きや計算などができる）、比較的暮らし向きの良い家庭の出身者が多かった。店の顔となるだけあって容姿も優れ、給与水準も女工より高かった。彼女たちは給料の大半を洋服や化粧品、パーマなどに費やし、「モダンガール」の先頭に立った。彼女たちは商品の「活招牌」（生きた広告）でもあったのである。しかし一日一一時間近い重労働である上に、上司や金持ちの顧客に弄ばれることもあったという。

先施デパートの向かいに永安デパートが開店すると、競争は激しさを増した。永安では当初舶来ブランド品が八割以上を占め、イギリスの毛織物、フランスの化粧品、アメリカの電化製品、スイスの時計などが人々のあこがれを誘った。南京路に面したところにガラス張りの大型ショーウィンドーを設け、しゃれたディスプレイで客を惹きつけるという手法も当たったのである。

上海のデパートはビルのデザインや設備も売り物だった。先施デパートは、南京路最初の鉄筋コンクリート建築で、正面上部には時計台「摩星塔」があり、頂きには「先施」の大型ネオンが輝いていた。売り場上階にはレストランと「東亜旅館」があり、電話や暖房など最先端の設備を誇った。自動車やバスによる送迎サービスもあり、遠方からやって来た客にとっては至れり尽くせりである。また、当時人々の人気を集めていた「新

先施デパートの中国人店員（上）
永安デパートのショーウィンドー（下）

世界」などの総合娯楽場の向こうを張って、屋上に娯楽場を作った。京劇や滑稽《こっけい》（上海・杭州・蘇州などで行なわれた漫才の一種）などの伝統的演目だけでなく、映画やマジックショーも上演され、ビリヤード、ゴルフ、射撃など西洋式の遊びを楽しむこともできたのである。

永安デパートも、対抗して屋上に「天韻楼花園」（娯楽場）を作った。場内の「綺雲閣《きうんかく》」は一九二〇年代の南京路では一番高く、上海の全景を見渡すことができたため、お上りさんの人気を集めた。ビル上階には先施デパート同様、豪華な設備を誇る「大東旅社」や、茶室などがあった。

最も遅れて開店した大新デパートは、上海で初めて地下売り場を開設し、各階をエレベーターで上り下りすることができた。それだけでなく、売り場正面の一階から三階まで、最新式のアメリカのオーチス社製エスカレーターを設置したため、新し物好きの上海人が大勢詰めかけることになった。

これらの斬新な仕掛けによって、デパートは単に買い物をするだけの場所ではなく、観光や娯楽、宿泊の機能まで兼ね備えたレジャースポットとして、人々の人気を集めたのである。

中国初の映画上映

中国で最初に映画が上映されたのは一八九六年八月一一日、上海の徐園においてであった。前年一二月に世界初の上映を成功させたフランスのリュミエール兄弟が、助手を雇って各国に派遣したため、中国、インド、日本などではほとんど同時期に上映が始まったといわれる。上海では、当初「茶館」（茶を飲みながら演芸を楽しむ伝統的娯楽場）などで他の演芸の合間に披露されていた。当時は映画のことを「影戯」と称した（現在の中国語では「電影」）。伝統的な演劇や語り物が、すべて生身の人間によって演じられるのとは異なり、機械から繰り出される「影」は人々を大いに驚かせたことだろう。

一九〇八年、スペイン人ラモスによって初の専門映画館である虹口《ホンキュー》大戯院が建てられた。虹口は旧アメリカ租界、すなわち蘇州河以北の地域にあたり、日本人が多く住み着いて、のちに「日本租界」の異名を取る場所である。その後ポルトガル人、イタリア人、日本人などが次々に映画館を建設し、映画は新奇な娯楽として急速に人気を集めるようになった。

最も初期に上映されていたのは、外国の風景や風俗などを紹介するものであったが、次第にフランス製のコメディなどストーリー性のあるものが増えていった。ヨーロッパの作品中心だった市場は、第一次世界大戦を契機にハリウッド映画がほとんど独占するようになり、上海でもチャップリンやキートンの作品などが観衆をわかせた。また探偵映画の影響も強く、上海で実際に起こった殺人事件で、中国人の犯人が「アメリカ映画からヒントを得た」と自供した例もあるという。人々は銀幕を通じて、繁栄するアメリカの様子やアメリカ人のライフスタイルを知った。そしてそのイメージは、租界内で目にするアメリカ人や、南京路のデパートに陳列されたアメリカ製品に直結するのだった。

一九三〇年代末までに上海の映画館は四〇軒近くまで増え、ロードショー館、二番館、三番館に分かれていた。ロードショー館はグランドシアター（大光明大戯院）、ナンキンシアター（南京大戯院）、メトロポールシアター（大上海大戯院）など租界中心部の最高級映画館で、外国人や富裕層が通う。チケットは一元前後で、ハリウッド映画が最初に封切られていた。二番館の多くは中心部から遠い虹口などにあり、チケットは六角前後（一〇角が一元）と割安で、封切りの終わった外国映画や国産映画が上映される。三番館は二角から四角と安く、客は学生・店員などが多かった。

ハリウッド映画が見られる映画館は、ロードショー館を含め二十数館あった。上海にはハリウッド映画の新作はほとんどが入ってきており、本国で封切られてから遅くとも一年以内には見ることができたという。たとえば『風と共に去りぬ』（中国語題名『乱世佳人』）は、一九三九年一二月一五日にアメリカで公開されたが、上海では翌四〇年六月一八日からロキシー（大華大戯院、元のオリンピックシアター）で上映された。ロードショーの期間は、当時どの映画館でもおおむね一、二週間だったが、中国語新聞『申報《しんぽう》』の広告によれば、『風と共に去りぬ』は六週間のロングランを達成しており、上海の観衆にも好評だったことがわかる。

一方『市民ケーン』（中国語題名『大国民』）は、一九四一年五月一日に本国で公開され、上海ではナンキンシアターで同年九月二六日から上映された。今でこそ名作の誉れが高いが、当時としては「高踏的すぎたのか、一週間足らずで打ち切られた」（辻久一『中華電影史話』）。実際にはちょうど一週間の上映で、客の入りはごく普通だったのであろう。

ちなみに両作品は、太平洋戦争開戦前夜の日本では公開されなかった。『風と共に去りぬ』が日本で上映されたのは戦後の一九五二年九月で、『市民ケーン』に至っては、内容上問題があるとしてGHQに上映を禁じられ、ようやく劇場公開されたのは、一九六六年六月のことだった（ただし、それ以前の一九六一年一月にNHKでテレビ放映されている）。つまり日本の映画人にとって、戦前の上海は、国内では見られないアメリカ映画を存分に楽しめる貴重な場所だったのである。

ナンキンシアター（南京大戯院）

一九三〇年代末頃、上海にはヨーロッパの作品がほとんど入ってこなかったなかで、ロシア映画の新作は年四、五本あったという。後述のように一九二〇年代以降、ロシア人の数が急増していたからであろう。

東洋のハリウッド

グランドシアターをはじめとする最高ランクの映画館の贅沢さは、当時の東京にもないものであった。一日三回（午後二時半、五時半、九時一五分）の完全入れ替え制で、最低料金の席でも全く窮屈さがなく、やわらかなクッションでくつろぐことができる。空調が完備しており喫煙も自由だった。メトロポールシアターなどは、足音が響かないよう床にゴムシートを敷き詰めたというので評判だった。

中国人の富裕層や知識層にとって、高級映画館にハリウッド映画を見に行くことは、都市のモダン文化に浸ることであった。特に学生や若者にとっては、映画に行くことがデートの新しい形態となったのである。

上海は中国人による中国映画揺籃の地でもあった。当初アメリカ人が上海で製作した映画が中国人観衆に受けず、方針を転換して中国人と合作するようになり、そこから中国人独自の映画製作会社が生まれた。一九二〇年代は梅蘭芳《ばいらんほう》（メイ・ランファン）演じる京劇の舞台を撮ったものや、巷を騒がせた殺人事件に取材した作品などが人気を集める一方、本格的劇映画として武侠映画がブームとなった。

中国映画は一九三〇年代に黄金期を迎えたが、その過程でアメリカ流の撮影ノウハウや、アメリカ製フィルム・撮影機器などが大きな役割を果たしたことは無視できない。特に黄金期を担った監督の一人、孫瑜《そんゆ》（一九〇〇〜九〇）は、ウィスコンシン大学とコロンビア大学でシナリオ制作と監督法を学び、帰国後の上海で斬新な作品を次々に発表した。たとえば孫瑜監督が起用し、その作品に繰り返し登場した女優黎莉莉《れいりり》は、健康的な脚線美と、男性に媚びない笑顔で、従来の中国になかった溌剌《はつらつ》とした女性を演じた。のちに黎莉莉自身は、監督の意図についてこのように語っている。

アメリカ帰りの孫瑜監督は、中国が外国人から「東洋の病人」と呼ばれていたから、みなの精神を奮い立たせようと考えていた。彼の映画はどれも若者にもっと頑張れ、元気よくと呼びかけていた。それまで中国映画を観なかった大学生や高校生が映画館まで足を運ぶようになった。私はそんな監督の狙いにぴったりだったのね。若い頃の私は青春そのものであったから。（劉文兵『映画のなかの上海』）

上海は「東洋のハリウッド」と呼ばれるほど映画産業が盛んな街となり、のちには左翼運動と結びついて数々の抗日映画を世に送り出した。『嵐の中の若者たち』（原題『風雲児女』、袁牧之《えんぼくし》監督、電通影片公司、一九三五年）はその一つで、主題歌の「義勇軍行進曲」（田漢《でんかん》作詞・聶耳《じょうじ》作曲）は銀幕を通じて全国の人々に愛唱され、中華人民共和国建国後、国歌に定められた（第6章参照）。

ジャズとダンス

人々が銀幕を通じてアメリカを知ったとすれば、もっと感覚的に直接影響されたのはジャズやダンスである。一九二〇年代は「ジャズ・エイジ」と呼ばれ、本国アメリカを中心にジャズが世界中を席捲した。上海では二〇世紀初め頃から、フィリピン人の楽士によってアメリカの軽音楽が盛んに演奏されるようになった。フィリピンは米西戦争の結果、一八九八年からアメリカの植民地となり、アメリカ文化の影響を強く受けていた。スペイン統治時代から、音楽や舞踊の西洋化がかなり進んでいたフィリピンは、西洋楽器を演奏できる人材が豊富だったのである。フィリピン人のバンドは客船に乗り組んで演奏することも多く、シンガポール、香港、上海などの寄港地では、彼らによって新しいレパートリーがもたらされた。

特に一九一〇年代以降、上海に映画館が増え始めてから、無声映画の伴奏を行なう人材が求められるようになり、上海にやってくるフィリピン人楽士が急増した。彼らはその巧みな腕前で、映画館の仕事だけでなく、西洋人の舞踏会やホテルでの演奏に進出するようになる。先述のアスター・ハウスは、上海のホテルの中でも真っ先に専属バンドを雇い、生演奏でダンスができることで知られた。一九二三年にボールルームを改修した際には、バンドステージの背景をピカピカ光る「孔雀の羽」の形にしつらえるという凝りようだった（今日の浦江飯店に「孔雀庁」〈孔雀の間〉は現存するが、「孔雀の羽」は残念ながらすでにない）。

上海の豊かな音楽生活は、初期には——特にロシア人がやってくるまでは——もっぱらフィリピン人楽士のおかげで成り立っていた。一八七九年に誕生した上海パブリックバンドも、市民による運営委員会がフィリピン人楽士を雇って作ったものだった（のちに工部局直属の組織となる）。このバンドは一九二二年に工部局交響楽団と改称し、ヨーロッパ人楽士多数を含む本格的なオーケストラとなった（第3章参照）。

オーケストラが毎週タウンホール（工部局市政庁、南京路にあったが現存しない）に正装した紳士・淑女を集め、定期演奏会を開く一方で、街のナイトライフも充実していく。一流のダンスホールやナイトクラブは専属のバンドを抱えており、腕利きの楽士は引き抜きにあって、よりレベルの高い店に出演することが夢であった。

一九二七年に、永安デパート会社が初の独立したダンスホールである「大東舞庁」を開くと、ダンスはたちまち一世を風靡した。外国人や富裕層が、設備も豪華でダンサーのパフォーマンスのあるキャバレーを好んだのに対し、一般の中国人は踊るだけのダンスホールを好んだ。当初はパートナーを連れて入場する仕組みだったが、のちに店側が専属の女性ダンサーを三、四〇人も抱えるようになった。

店のレベルを左右するのが、バンドの演奏と、ダンサーの質である。高級店では、客は入場するとまず一元で三枚綴りのチケット（三曲踊れる）を買い、音楽が始まると目当てのダンサーに相手を申し込む。その時に目立たぬようにチケットを渡すのが礼儀とされた。ダンサーはあとでチケットを換金するのだが、取り分は四割に過ぎず、六割は店側に取られた。

ダンサーは中国語で一般に「舞女」と言うが、当時は英語の「ダンシング・ガール」を訳して「弾性《ダンシン》女郎」と呼ぶことがあった（英語の音と漢字の意味をかけてある）。また、一曲ごとに客の相手をすることから「タクシー・ダンサー」の謂《いい》もあり、中国語では「貨腰（腰を売る）女郎」と呼んだ。

「紅舞女」（人気ダンサー）と踊るため、チケットを一度に何枚も渡したり、こっそり現金を渡したりする客もいた。ダンスホールに行く時は中国人でも西洋風のスーツを身に付け、店の中では英語を用いることが多かったという。

上海には日中戦争開戦までに、名の通った店だけでも三〇軒あまりのダンスホールがあったとされる。その中で最高級の店として知られたのが、一九三三年に開業したパラマウント・ホール（百楽門舞庁）だった。アール・デコ様式三階建ての堂々たる構えで、電飾やきらめく水晶などをふんだんに使っていた。正面入り口を入ると大理石の階段が曲線を描いており、金持ちの顧客が人気ダンサーに捧げる花かごがずらりと並んでいる。二階に上ると中央には長さ四〇メートル、幅二〇・七メートルの大ホールがある。ホールの板張りの床の裏には自動車に用いるスプリングが入っており、踊った時に独特の躍動感をもたらした。三階の小ホールは床がガラス張りで、下側から五色のライトが曲に合わせて光るという凝った仕掛けであった。すべてのホールを使えば一〇〇〇人が同時に踊ることができたといい、専属ダンサーの数も一〇〇人以上と桁外れであった。

一九三六年、チャールズ・チャップリンがおしのびの新婚旅行の途中、上海に立ち寄った。彼はアスター・ハウスに投宿し、ごく短い滞在の間にわざわざパラマウントを訪れて、夜中の三時まで楽しんだという。新作『モダン・タイムス』の評判を気に病み、逃げるようにアジアにやってきたチャップリンにとって、旅先でのダンスはちょうどよい気晴らしだったのであろう。ただしチャップリンの自伝においては、生涯に二度訪れた東洋について、バリ島や東京での思い出を詳しく綴るのみで、上海については一言も触れていない。上海の街には異国情緒が足りなかったのだろうか。

話は変わるが、サッスーン財閥の当主ヴィクターは、足が不自由で踊れないにもかかわらず、パラマウントに出かけるのが好きだった。ある時伝票にサインしようとしたところ、彼の顔を知らない従業員が——おそらく彼の足を見て——現金払いを要求し、あろうことかこう言い放った。「あなたが本当にサッスーンなら、自分のダンスホールを作ればいいじゃないですか。そうすればわざわざここに来なくても済む」。激怒したヴィクターは席を立ち、その後本当に「自分のダンスホール」を作った。それが一九三六年末にオープンしたシロス（仙楽）である。ニューヨークにある同名の店にならった超高級店として、パラマウントと人気を二分することになった。

夜の女たち

上海を訪れる外国人男性が、東洋の女性に対して少なからず性的幻想を持っていたことは想像に難くない。

一九世紀の半ば頃、県城西門付近の繁華街に多くの妓楼が集中していたが、太平天国軍によって西門が占領されたことから、それらは租界の中に移った。経営者は、租界当局の許可を取って営業税を払いさえすれば、おおっぴらに店を開くことができたのである。当初は宝《ほう》善《ぜん》街（現在の広東路の一部）に、のちには「四馬路《スーモウル》」と呼ばれた（日本人には「スマロ」として知られた）福州路に、妓楼は集中していた。

妓女にはランクがあり、高級ランクの「長三《ザンセ》」は「芸は売るが体は売らない」とされていた。彼女たちは良家の生まれながら落ちぶれてこの世界に入り、主に上流階級の客に楽器や歌を披露した。ほかに中・下層の地主層を相手にする「么二《ヨーニ》」があった。

客は妓楼に行くまでもなく、路上で「野鶏《ヤーチ》」を買うこともできる。「野鶏」は最も低いランクの私娼で、租界当局の許可を取っていないため、警察に見つかれば捕まる恐れがあった。収入の三、四割は元締めに払わなければならず、実家の借金のかたにこうした仕事を強いられている場合もあった。

一九一八年の調査では、「長三」は約一〇〇〇人、「么二」は約五〇〇人、「野鶏」は五〇〇〇人以上いたという。

上海の名妓たち

さらに外国人船員らを専門とする「咸水妹《エスメ》」もあり、虹口一帯に集中していた。粗末な小屋の入り口に簾《すだれ》をかけ、ビールなどを準備し、蓄音機を鳴らしながら客を待つ。この種の娼婦は警察によって特に許可されたものであり、毎週必ず性病検査を受けなければならなかった。

中国人娼婦だけでなく、外国人娼婦もいた。ロシア人とスペイン人が多く、日本人もいた。アメリカ人女性が、アメリカ娘を集めて経営する高級店もあった。しかしロシア難民がやってきてからはロシア人娼婦が急増し、アメリカ人の高級店は閉店に追い込まれたという。高級店で一晩遊ぶ金で、ロシア人を一ヵ月囲うことができたからである。中国人だけでなく、白人であるロシア人が街頭に立つようになったことは、租界社会に衝撃を与えた。しかし一般に、中国人客が白人の娼婦に近づくことはほとんどなかったらしい。

「アヘン・賭博・娼婦」は街の繁栄の影の部分であり、それらはしばしば一体となってマフィアの収入源となった。また租界当局にとっても許可制として税金を取っていることから、厳格な規制をしにくかった。当局が気を遣ったのは主に、表通りに立って体を露出するというような公共道徳の面や、性病を移さないなどの衛生面である。フランス租界ではフランス国内での経験にならって、娼婦の登記や性病検査などを定期的に行なったが、中国人との衛生観念の相違などからあまり理解が得られず、効果も上がらなかったという。

共同租界では一九二〇年代以降、民間による風紀改善運動の開始を受けて、工部局が段階的に娼館の閉鎖に乗り出した。市政府で行なわれた抽籤《ちゅうせん》で当たった店は閉鎖しなければならなかったが、法的規制のないフランス租界に場所を移して営業を再開すれば元通りである。一九三〇年代以降、共同租界では再び娼館が増え始め、管理政策は失敗に終わった。中華人民共和国建国後の一九五二年の時点でも、娼婦はなお四〇〇名あまりいたと記録されている。

3 アメリカの精神

米・英の角逐

アメリカはイギリスとほぼ同時期に上海に租界を獲得したが、租界が太平天国の乱を経て発展期へと移っていく時、ちょうど国内には南北戦争が起こっていた（一八六一～六五年）。

当時のアメリカは植民地を経営する余裕がなく、行政・警察の両面で人員が不足していたため、上海のアメリカ租界をイギリス租界と合併することに合意した。上海においてアメリカ人とイギリス人は協力関係にあったが、一九世紀末から各国の海外進出が活溌になると、中国の利権をめぐって本国同士は競争相手となった。後発国たるアメリカは、一八九九年に中国の門戸開放・領土保全・機会均等の三原則を主張し（門戸開放宣言）、イギリス、フランスなどを強く牽制する。第一次世界大戦後の一九二二年には、アメリカの主導の下で九ヵ国条約が結ばれ、アメリカ、イギリス、フランス、日本、イタリア、オランダ、ポルトガル、ベルギー、中国の間で、右記の三原則と中国の主権尊重が確認された。この、いわゆるワシントン体制の発足は、海軍軍縮に関する条約が端的に示すように、日本の中国進出を、アメリカとイギリスが共同で押さえ込むねらいもあったのである。上海の地を踏んだヘレン・フォスターが以下のように書いているのは、中国に新しい秩序を打ち立てようとするアメリカの、強い使命感を反映している。

暗く、不吉な大恐慌の到来にもかかわらず、このころのアメリカの青年にははじけるような活力があった。わたしたちは生活を、お互いを、そして人間の可能性を愛していたのである。未来は私たちのものであった――イギリス人や日本人のものではなかった。エドガー・スノウにとって、中国在住のイギリス人と日本人に挑戦することは、一九二八年に上海に来たときの暗黙の前提だったのである。

(ニム・ウェールズ『中国に賭けた青春』)

アメリカ人の自信、そして長く中国を支配してきたイギリスと、新興国日本に対する対抗意識は強烈である。本章のはじめに書いた、従来の租界の支配者——イギリス人とフランス人——の「病気のよう」な姿への嫌悪感と合わせると、ヘレンが租界の現状をけっして肯定していないことがわかる。中国が変わろうとしていることへの予感(それはのちに実感となる)と、自分がそれにどう関与できるのかという期待やいらだちが、この頃のヘレン・フォスターやエドガー・スノウを強く衝き動かしていた。

アメリカはもともとイギリスの植民地であり、戦って自由を勝ち取ったという歴史があった。ヘレン・フォスターやエドガー・スノウのような新しい世代は、自らが中国の植民地支配に荷担するのでなく、むしろ中国の独立を支援する存在でなければならないと考えていた。スノウが編集助手を務めていた『チャイナ・ウィークリー・レビュー』は、上海の英米人の輿論形成に一定の影響力を持っていた。しかし彼らがイギリスや日本の中国に対する帝国主義支配を批判し、不平等条約の廃棄を主張すると、既得権益に固執する「頑固派」は、彼らに「親中派」のレッテルを貼った。

イギリス人は「親中派」の言動に不信と不快感を隠さなかっただけでなく、アメリカ人の金払いのよさや、街に氾濫する風俗にも反感を持った。上流のイギリス人の多くは、アメリカの「成金」を軽蔑した。かえって貧しいイギリス人——警察官モーリス・ティンクラーのような——の方がアメリカへのあこがれを隠さず、流行のスーツやサングラスを身に付け、きわどい俗語を使って「アメリカ人」を気取ったのである。

繁栄期の上海において、娯楽や社交生活が多様になると、イギリス人とアメリカ人の生活圏は異なっていく。アメリカ人はイギリス人の牙城である上海クラブよりも、アメリカン・クラブやアメリカン・コロンビア・カントリークラブで過ごすことを好んだ。「チョコレート・ショップ」でお茶をし、「ジミーズ・キッチン」で懐かしい故郷の料理をたらふく食べることを好んだ。

上海に吹いた「アメリカの風」は、物質的な生活と、「自由独立」の思想が表裏一体となっていた。上海の中国人は、富裕層から貧困層まで、程度の多少はあれ、その洗礼を受けたのである。

宣教・教育の砦

スノウたち知識人のリベラルな考え方には、イギリスへの対抗意識だけでなく、アメリカで広く一般に存在した、中国に対する友好的な眼差しも反映されている。一九世紀半ば以降、多くの中国人がアメリカに渡り、鉱山開発や鉄道建設などの労働力として用いられたが、問近に見る貧しい中国人の姿は、アメリカ人の間にさまざまな感情を惹き起こした。一方では、中国人移民排斥法（一八八二年）が象徴するように、嫌悪・拒絶の形として現れたが、また一方では、「近代化への支援や、保護を必要とする人々」という同情が広がることになる。辛亥革命によって中華民国というアジア初の共和制国家が誕生すると、同情は友好へと変わり、拡張政策を採る日本などよりははるかに親しみの持てる国として、好意的なイメージが定着した。

近代化の遅れた中国を支援するために、積極的に動いたのはキリスト教会である。一八五八年の天津条約により、従来の開港場周辺に加えて内地における伝道権が認められ、上海は各国の宣教活動の拠点となっていた。一九一〇年代には、中国各地で伝道するプロテスタント宣教師の半分以上にあたる約二五〇〇人が、アメリカ人で占められていたという。また日中戦争開戦直前の一九三六年当時、上海租界に住む約三七〇〇人のアメリカ人のうち、三分の一が宣教師だった。

アメリカは上海において、学校・病院の建設など、文化事業に多大な投資を行ない、その運営には毎年三〇〇万ドル以上を要したという。そしてこの金の一部は、アメリカの一般市民による献金だった。宣教師による出版物を読み、教会での報告を聞いた信者たちが、中国人への同情と親しみをこめて、私財を投じたのである。

イギリスが経済的利益を至上とし、現地住民との関わりをできるだけ避けたのに対し、アメリカは特に教育を通じて、中国の近代化を促進しようとした。なかでもプロテスタント各派が行なった中国人向けの高等教育は、徹底した英語教育や、スポーツ活動の重視などにより、知識層のライフスタイルに大きな影響を与えた。

たとえば聖ジョンズ大学（聖約翰大学）は、一八七九年に聖公会の宣教師によって設立され、「中国のハーヴァード大学」とも言われた名門である。当初英語教育を中心とする地元の「書院《カレッジ》」だったのを、一九〇五年にアメリカのワシントンに登記し、文学、理学、工学、医学、神学の各学部と大学院、附属高校を併せ持つ総合大学に拡張した。この大学で学んだ者はアメリカの大学の卒業生と同等の学位を持ち、卒業後にアメリカの大学院に留学することができた。

学生は共同租界西郊の広々とした美しいキャンパスの中で学び、寄宿舎で生活を共にした。一九三〇年代半ばに、毎年一人約三〇〇元という学費は、当時の中国国内で最も高いと言われたが、教会を母体とする私立学校としては、さらに信者や校友からの寄付金が欠かせなかった。一八八八年から五〇年の長きにわたって校長を務めたホークス・ポットは、上海史研究の必読書である *A Short History of Shanghai*（『上海史』一九二八年）の著者としても有名だが、休暇でアメリカに帰る時は、いつも寄付金集めに忙しかったという。

社会的影響力の増大

当初授業はほとんど英語で行なわれたため、外国企業への就職を希望する富裕層の子弟に人気があった。辛亥革命後は、中国社会との関係を重視して中国語・中国文学の授業も行なうようになったが、やはり学内の西洋的な雰囲気は格別だった。教会学校らしくクリスマスを盛大に祝うのはもちろんのこと、エイプリル・フールの日にはさまざまな手管で互いをかつぎ、大笑いする習慣もあった。学業のほか、課外では演劇、弁論、小説創作などのコンクールで競いあい、文学、美術、音楽、撮影などのクラブ活動も盛んであった。またスポーツが奨励され、一八九〇年には第一回の運動会を開いただけでなく、日常的にマラソン、サッカー、テニス、野球、バスケットボール、バドミントン、ラグビー、ボクシング、馬術などが行なわれていた。

聖ジョンズ大学は、在学生の数が最も多かった一九二〇年代半ばでも、年四〇〇人前後と規模は小さく、輩出した人材は歴代で約六五〇〇人にとどまる。しかし「Light and Truth」(光と真理)の校訓のもとに、校長のポット以下教員たちの熱心な指導を受けた学生は、卒業後中国の政財界で幅広く活躍し、校友会組織によって団結力も高かった。国民党政権の財政部長などを歴任した宋子《そうし》文《ぶん》や、英語による著作で世界的に知られた作家の林語《りんご》堂《どう》、のちに中華人民共和国副主席を務めた栄毅《えいき》仁《じん》なども卒業生の一人である。この大学で学んだ人々は確実な英語力を買われ、租界の行政機関・税関などに就職することも多く、医学部出身者はしばしば工部局病院に採用された。成功した開業医の中にも卒業生が多かったという。

聖ジョンズ大学はアメリカ式の教育を通じて、上海の上流階級の子弟に西洋の学術思想や生活様式を浸透させた。この学校が「アメリカの大学」になった一九〇五年はちょうど科挙が廃止された年でもあり、学業の目標を失った知識層の受け皿として、各地の教会学校が人気を集めた時代であった。教会学校は、中国に良質な信徒や宣教師の人材を育てるという、設立当初の意図や機能を次第に弱め、それと反比例するように社会的影響力を増していった。

聖ジョンズ大学の教員たち

欧米各国の中でも、特にアメリカは中国における教育事業の効果を意識していた。義和団事件の賠償金を返還する形で、北京に留学予備校である清華《せいか》学校（清華大学の前身）を設立したこともその一例である（一九一一年）。長期的な視野に立ち、中国の上流層に共通の価値観や思想を浸透させることをねらったのである。

キリスト教を（信じぬまでも）理解し、英語を話す中国人は、租界の外国人にとってまったく新しいタイプの中国人だった。それ以前に彼らが接してきた中国人は車夫や使用人ばかりだったが、教育を受けて政財界に力を持つようになった中国人は、パートナーとも、またライバルともなり得たのである。一九二九年、アメリカン・クラブは中国人に対して初めて扉を開いた。ちなみに保守的なイギリス人の中でも、ヴィクター・サッスーンのようにビジネスの才覚のある者は、中国人との交際に熱心だったという。

ヘレン・フォスターやエドガー・スノウのような若い世代は、民族運動が起こりつつある中国に同情と共感を持ち、共通の価値観を拠り所に中国人と連帯しようとした。中国共産党を指導しているのがどんな人々か、世界的にほとんど知られていなかった時代に、共産主義者でもない彼らがその支配区に入り、取材することができたのは、両者の間に民族の解放や自由を語る共通の言葉があったからである。

中国に続いてアメリカも日本と戦うことになった時、両国は戦略上のパートナーとなり、アメリカ人の中国人に対する連帯感は深まった。宋子文や、彼の三人の姉妹たち（靄齢《あいれい》、慶齢、美齢——いずれもアメリカの大学で学んだ）は、国際的な援助を取り付けるべく、それぞれのやり方で力を発揮することになる（第6章参照）。

「自由」の撤退

一九三〇年代、日本と中国が軍事衝突を繰り返す中で、共同租界に駐留するイギリス軍とアメリカ軍は、住民たちを守る盾であった。一九三七年の第二次上海事変の際、現地のアメリカ人の中には自国の参戦を望む者もいたが、本国政府は動かなかった。日本と米英両国の関係は悪化の一途をたどり、結局イギリスに続いて、アメリカもまた上海からの戦略的撤退を決断する。太平洋戦争開戦の前夜、一九四一年一一月二七日の情景が、一人の外国人少女のみずみずしい目で記録されている。

……ものすごい人だった。男も女もただ黙って、背嚢《はいのう》を背負いライフルを肩に担いだ海兵隊の長い列を見ていた。列はバブリングウェル通りに沿って延びている。車や人の流れは止まっていた。

悲しげな消灯ラッパが鳴った。アメリカの国旗が高い掲揚台からゆっくりと降ろされた。不安でたまらなくなり、わたしは、人ごみを押しのけて前に出た。

二人の海兵隊の兵士が、旗をたたみ、さっと敬礼をして将校に旗を渡した。二人は鋭く向きを変え、入り口へと歩いた。重い木の門扉に着くと、両側から扉を寄せて閉めた。がちゃりと音をさせながら扉を押してきっちりと閉じると、巨大な南京錠をかけ、列に加わった。命令が響き、海兵隊はバンドの方角、つまり川に向けて行進を始めた。（中略）

わたしははっと我に返った。足が勝手に動いていた。列の最後尾の海兵隊員に近寄り、新しい靴で彼に合わせて歩いた。質問が次々と飛び出した。

「どこに行くの。どうして本部に錠を降ろしたの。どうして旗を降ろしたの。戻ってくるの。どこへ行くの。教えて」必死で聞いた。

わたしは長身で背中の広い兵士を見つめ、懇願した。彼は歩き続けた。注意を引きたくないのだろう。頭を動かさずに、口の端から、押し殺した声で言った。

「マニラ作戦に」彼は脇のわたしをちらりとだけ見ると、視線を前に戻して行進を続けた。

わたしの目に、熱い涙があふれた。

「でも戻ってくるでしょう」ハンカチで鼻をかみながら、涙を拭きながら聞いた。逃げていく紙風船をキャンキャンと吠えながら追いかける仔犬のように、ずっと彼の歩調に合わせて歩いた。

彼は肩をすくめ、眉を上げ、頭を振った。

「さあ。たぶん。わからない。お嬢さん、元気で。どうか幸運を祈って」

彼は、前だけを見据えながら、背筋をまっすぐに行進していった。たたんだ国旗を腕にかけていた将校は、おそらくわたしたちの短いやりとりを聞いていたのだろう。わたしを見てほほえみ、半敬礼をして手を振った。

（ウルスラ・ベーコン『ナチスから逃れたユダヤ人少女の上海日記』和田まゆ子訳）

難民として上海に暮らすユダヤ人の少女（第5章で詳述）にとって、街中で見かけるアメリカ軍兵士は「自由の守り手」であった。そしてアメリカこそは、一家が夢見てやまない最終目的地であり、希望の象徴だった。太平洋戦争開戦により、ユダヤ難民たちはアメリカに渡る道を絶たれ、さらに長い年月を上海で過ごすことになる。

ヘレン・フォスターもまた、これに先立つ一九四〇年一二月、寒風に震えながら黄浦江を下って行った。アメリカ人婦女子への退避勧告により、中国の地を「逃げ出さねばならなかった」のである。

大戦間の上海の繁栄を謳歌した人々にとって、アメリカ軍の撤退は、名実ともに一つの時代が終わりを告げたことを意味していた。それは物質的豊かさの終焉であるとともに、精神的な「自由」の撤退であった。

アメリカ人が去ったあとにやって来た新たな支配者とは――大日本帝国の、英語を話すこともできない軍人であった。

第3章　ロシア人の悲哀

1　流浪の人々

スタルク艦隊事件

一九二二年一二月五日、黄浦江が長江に合流する呉淞《ウーソン》口の砲台付近に、十数隻の船が姿を現した。クリスマスを前に浮き立つ上海租界の外国人たちを震撼させたのは、ロシアの海軍上将スタルクが率いる艦隊であった。もっともこの「艦隊」は戦争をしかけてきたわけではない。彼らはソビエト軍との戦いから敗走してきたいわゆる「白系ロシア人」の一群で、上海への上陸を求めていたのである。

一九一七年にロシア革命が始まって以来、社会主義政権を嫌った大量の貴族・官僚・資本家などが祖国を脱出していた。金に余裕がある者は西ヨーロッパに渡ったが、余裕がない者はシベリアを横断して中国東北部に向かった。中国東北部は一九世紀末以来、東清鉄道会社によって半ばロシアの植民地となっており、ハルビンを中心に大きなロシア人コミュニティが形成されていた。この地域ではロシア革命後もしばらく白系（帝政支持派）の政権が維持されたため、亡命者が多く住み着いたのである。一九二三年までに、ハルビンのロシア人の数は多い時で二〇万人に達し、現地の中国人の数を超えたという。

シベリアでは白系と赤軍（革命派）の戦いが続いていたが、一九二二年一〇月、赤軍の勝利が決定的となった。白系の軍人らは帰るところを失い、中国領に逃げ込むか、海に出るしかなかった。白系のリーダーの一人スタルクは、軍用船だけでは足りないと見て、ウラジオストクで古い客船や郵便船などを買い取り、配下の軍人・士官学校生のほか、地方官僚やその家族、自分では船の切符を買うこともできない貧しい市民を乗せ、三〇隻の「艦隊」を組んで出港した。乗員約九〇〇〇人のうち、一八〇〇人が難民だったという。

もともと航海に耐えられないような古い船が多く、食料や水も十分ではなかった。途中天候の悪化で二隻が沈没、一三〇人余りが溺死した。救いを求めた朝鮮の元山《ウォンサン》や釜山《プサン》では、日本官憲の冷たい対応に遭い、さらに上陸地を探さなければならなかった。燃料を補給できた船だけが前進を続け、かろうじて呉淞口にたどり着いた時、「艦隊」は一四隻に減っていた。

スタルクは上海上陸の許可を求めたが、中華民国政府側は拒絶し、強行上陸を図った難民を見つけると船に送り返した。租界当局も困惑を隠せなかった。これだけ多くの難民が一度にやってきたのは初めてだったのである。上海に暮らすロシア人はもともと多くなく、革命前の一九一五年の段階では共同租界・フランス租界合わせて約四〇〇名ほどだった。他の外国人と同様、多くは貿易等に携わる商人や領事館の関係者である。革命直後から、上海にやってくるロシア人の数は増えていたが、自分で客船の切符を買うだけの余裕があり、フランス語なども身に付けた上流階級は問題なく受け入れられた。そうではなく、着の身着のままの難民が大量に流入することは、従来のロシア人社会の「名誉」を傷つけるものとして、同胞たちの動揺を惹き起こしたのである。

ひとまず停泊の許可を受けた「艦隊」を、港湾管理局のパトロール船が出迎えた。

港湾管理局の役人は、甲板に積み上げられた鍋釜から簡易ベッドにいたる家財道具の山に驚いた。口径五インチの大砲の列のうえに、おむつがはためいている船さえあった。イギリス人をはじめ外国人は「好奇」の眼差しを向け、「同情」さえ寄せたという。しかしグロス［ロシア総領事＝引用者注］は関心を示さなかった。艦隊を出迎えたグロス夫人は、難民に向って、ロシアへ帰れと言った。新政府が職を用意してくれるだろうというのだった。（ハリエット・サージェント『上海』）

グロス夫人はすんでのところで、激昂した水兵たちに海に放り込まれるところだった。グロスは白系の最後の総領事であり、一九二一年に「ロシア居留民通商事務局」を設立していた。彼は上海の白系ロシア人の権利を守るリーダーという立場だったが、せっぱ詰まった難民の目には、その仕事ぶりは生ぬるく、保身第一のように見えた。

結局スタルクのねばり強い交渉によって、一八〇〇名の難民のうち、孤児（士官学校生の多くは、第一次世界大戦中に戦死した軍人の子弟だった）や身元引受人のいる者約一二〇〇名の上陸が許された。残りの六〇〇名余りは「艦隊」に従ってさらにフィリピンまで南下を続けることになった。

スタルクの部下によれば、スタルクはその後マニラで船を売却して代金を部下に分け与え、生活資金にさせた。しかし自分は分け前を受け取らず、のちに家族のいるパリに行ってタクシー運転手となり、そこで貧しい生涯を終えたという。

スタルク艦隊事件はロシア難民到来の先駆けであり、その後もグレイポフ将軍率いる極東コサック軍の到来などがあった。ソビエトの支配が及んで安住の地ではなくなったハルビンから上海にやってくる人々もいた。一九二四年にイギリスや中国が相次いでソ連を承認すると、ロシア難民たちの立場はますます難しいものになっていく。

第二の故郷

上海での生活を選んだ難民たちには厳しい前途が待っていた。租界の外国人たちは、当初から白系ロシア人の受け入れに消極的だった。貧しい難民が大量に入ってくれば、雇用不安を招き、治安が悪化するかもしれない。しかも難民たちは、租界の支配者と同じ白人である。貧しい白人の存在は、これまで守ってきた白人の「名誉」を汚し、租界内の「秩序」を乱すものであると考えられた。祖国を失った白系ロシア人は治外法権を持たないため、中国人と同じ法律で裁かれる身分だったのである。

租界の外国企業は、英語や中国語のできないロシア人を雇いたがらなかった。祖国では官吏、専門職、教師などを務めていた者が、わずかな賃金で肉体労働を強いられることになった。それも中国人の労働者と仕事を奪い合いながらである。一九二五年の五・三〇事件（第1章参照）をきっかけに工場などでストライキが頻発すると、代わってロシア人が労働力として投入された。そのおかげでストライキの効果が失われ、中国人たちはロシア人を憎んだが、労使関係が正常化すると、簡単に首を切られたのはロシア人の方だった。

貧しい中国人にとって、自分たちと同様に貧しい白人を見るのは初めてだった。彼らは街頭に立つロシア人を「洋乞丐《ヤンチーガイ》」（西洋乞食）、「羅宋阿大《ルオソンアドウ》」（ロシアのあんちゃん）などと呼んで、自らの憂さを晴らした（羅宋はロシアンの音訳）。富裕な中国人は、軍隊経験があり、銃の扱いに慣れているロシア人を好んでボディガードに雇った。金持ちをねらった誘拐などの犯罪が増えていたからである。金で雇った白人に守られているという意識は、実際以上の安心感を生んだ。

ロシア難民の中で最も悲惨だったのは女性である。生きるためには体を売るしかない女性が少なくなく、当時の報道によれば、一六歳から四五歳までのロシア女性のうち、二二・五パーセントに売春の経験があったという。ダンサー、ホステス、マッサージ嬢から娼婦まで、白い肌の女性のサービスは上海の新奇な風俗となった。これらの女性は当時中国語で「白奴」（白人奴隷）と呼ばれた。

租界の外国人、特にイギリス人はこのような現状にいらだちを覚えていた。ロシア人女性と交際した青年は村八分にされ、結婚でもしようものなら職場を追われたという。ロシア人女性の悲惨な境遇は、白人の体面に関わる最大の問題として、国際連盟の専門委員会で対策が検討されたほどだった。

しかし外国人社会の当初の懸念とは裏腹に、帰る国を失ったロシア人たちは、運命を諦めたように黙々と働き、犯罪に走ることもほとんどなかった。他の外国人と異なり、中国人に対して支配者づらをすることもなく、地域にとけこもうという努力が見られた。彼らは上海を第二の故郷と思い定めようとしていたのである。年月が経つうち、租界の人々のロシア人を見る目は少しずつ変わっていき、手堅い商売を続けた者や、専門的な技術を身に付けた者はささやかな成功を収めるようになってきた。一九二〇年代末には、上海で一流と言われる医師、建築家、エンジニアのうち、ロシア人が一割以上を占めたという。

一九三〇年代には、ロシア人の数は共同租界・フランス租界合わせて一万五〇〇〇人から二万人に達した（このうち約四〇〇〇人はユダヤ系だった。第5章参照）。外国人の中で、日本人、イギリス人に次いで三番目に多い数である。ロシア人は租界の一大勢力となり、その生活スタイルや芸術活動などで、租界の文化に大きな影響を与えるようになった。

東方のペテルブルグ

上海に定着したロシア人たちは、他の外国人もそうであったように、成功した者とそうでない者で生活が大きく分かれた。住む場所もそれによって異なり、金銭的に余裕のある者は、落ち着いた住宅街として知られるフランス租界に住み、余裕のない者は、工場などが多い共同租界北部や東部に住んだ。

特に、教養としてフランス語を身に付けた上流階級にとっては、フランス租界は暮らしやすかった。フランス租界に住むロシア人の数は、一九二〇年代に飛躍的に増え、一九三一年の満州事変のあと、中国東北部から逃れて来た人々でさらに増えた。一九三六年のフランス租界の人口調査によれば、外国人計二万三三九八人のうち、ロシア人が一万一八二八人と約半数を占め、ついでイギリス人二六四八人、フランス人二三四二人となっている。つまりこの時代に至って、フランス租界の主要な住人はフランス人ではなく、ロシア人となったのである。

フランスは租界設置の当初から、貿易商人らの投資がイギリスほど多くなく、フレンチ・バンドにはフランス領事館のほかはオフィスがいくつかあるくらいで、二〇世紀に入っても、ランドマークとなるような大きな建物はほとんど建てられなかった。

フランス租界は構造も共同租界とは異なっていた。フランス租界は当初、イギリス租界と県城にはさまれた狭い地域に設置され、バンドからまっすぐ伸びる道が一本しか引けなかった（現在の金陵《きんりょう》東路）。イギリス租界に、南京路と並行して何本もの道が東西に走っているのとは大きな違いである。フランス租界東部は、旧来の船着き場（十六舗《セロッポ》）や県城と隣接し、中国人も多く、下町らしい喧噪に包まれていたが、西部は港のにぎわいも届かず、落ち着いたたたずまいを見せていた。

二〇世紀に入り、共同租界が経済効果や効率を第一とする商業都市になっていったのに対し、フランス租界は本国の植民地政策を受けて、住民の生活の質や、文化・教育の普及を重視していた。教会、学校、病院などの建設に力が入れられ、並木道や公園も整備され、長期的視点に立った街作りが行なわれた。

上海に建設されつつあった「フランスの街」に、スラブの香りを付け加えたのがロシア人である。ロシア人は、フランス租界西部へと延びるアヴェニュー・ジョッフル（霞飛路、現在の淮海《わいかい》中路）の周辺に集中して住んだ。ジョッフルとは第一次世界大戦の英雄の名である（共同租界の目抜き通りが中国の地名に由来しているのに対し、フランス租界の重要道路は、ほとんどが人物にちなんで命名されている）。静かだった通りにはロシア式の商店が建ち並び、バラノフスキー百貨店（百霊洋行）のような大型店から専門小売店まで、その数は一〇〇軒を下らなかった。洋服店、宝飾店、雑貨店、食品店、薬局、理髪店、写真館、花屋など、生活に必要なものは何でもあった。

レストラン、カフェ、ベーカリーなどは最もロシアらしかった。飲食店で提供されるのはもちろん「本場」の味である。焼きたての黒パン、ピロシキ、ボルシチ、ジャムを入れたロシアン・ティーなどが、上海租界の新しい流行となった。アヴェニュー・ジョッフル沿いの「カフェ・ディディー」（高級ナイトクラブD. D's《ディディーズ》の喫茶部）のピロシキは、街一番のおいしさと評判だった。

亨利路（現・新楽路）のロシア正教会

プラタナスの並木道を歩けば、焼きたてパンの香ばしい匂いが鼻をくすぐり、路地裏からは、バラライカにのせたロシア民謡の調べが流れてくる。青い丸屋根のロシア正教会や、ロシア人のための学校、クラブ、劇場なども次々に建てられ、その一帯は「東方のペテルブルグ」「リトル・ロシア」と呼ばれるようになった。

フランス租界のアパート

目抜き通りから一本入れば、静かな住宅地が広がり、並木道に沿って庭のある洋館が建ち並ぶ。豪壮な富豪の邸宅とまではいかなくとも、界隈に一軒の家を持つことはロシア人の夢だったに違いない。ロシア人ならずとも、ビルが林立する窮屈な共同租界を抜け出して、緑豊かなフランス租界で暮らしたいと思う人々は多かった。上海では住宅需要の増加を受けて、一九二〇年代から三〇年代にかけて、集合住宅の建設が進む。低層の長屋式住宅（中国語で「里弄《リーロン》」という）から、高級な設備を誇る高層アパートまで、さまざまなスタイルがあったが、経済的に余裕のある外国人はアパートを好んだ。

高級アパートでは上下水道、電気・ガス、冷暖房、給湯設備がすべて整っており、ゴミを捨てるダストシュートを備えたところもあった。特に浴室・トイレと台所が各戸についていることは高級の証であった。中流以下の人が住むアパートや長屋では、水回りが共用であるのが普通だったのである。

間取り図を見ると、アパートであっても各戸に使用人用の小部屋があり、作業用（荷物用）エレベーターや、台所に直接通じる「裏廊下」が設計されているところもある。主人（居住者）はもちろん人間用のエレベーターに乗り、「表廊下」を通って玄関に至る。こうした点にも、当時の雇う者と雇われる者の格差がうかがえるが、使用人として雇われるのはもちろん中国人であった。

キャセイ・マンション

フランス租界の高級・高層アパートといえば、第2章の「サッスーン・ハウス」の項でも触れたキャセイ・マンション（現・錦江飯店北楼、一三階建て）、グローヴナー・ハウス（現・錦江飯店中楼、最も高い部分で二一階）のほかに、ピカルディー・アパート（現・衡山《こうざん》賓館、最も高い部分で一六階）などがある。いずれも現在ではホテルとなっているため、内部を見ながら往時に思いをはせることができる。前者二つはサッスーン財閥によって建てられた最高級アパートで、フランス・クラブ（現・花園飯店）の緑の芝生を見下ろすような位置にあることから外国人に人気があった。キャセイ・マンションでは居住者は自分で料理をするまでもなく、一一階と一二階にある食堂で毎日メニューの変わる食事を楽しむことができた。中華人民共和国建国後、錦江飯店となってからは、もっぱら共産党の指導者や国賓を接待するホテルとして使用され、改革・開放の時代になってからは一般の旅行客も宿泊できるようになった。

現在なお住宅として使われているアパートもたくさんある。アヴェニュー・ジョッフルの一本南、ラファイエット路（現在の復興中路）沿いに隣り合って建っているブラックストーン・アパート（黒石公寓）とクレマン・アパート（克来門公寓）は、通りから眺めた外観がひときわすばらしい。特に後者は、外壁に煉瓦《れんが》でかたどった丸や三角の意匠が、まるでおとぎの国のお城のような雰囲気を醸し出している。建物玄関に敷き詰められたモザイクのタイルや、優美な曲線を描く階段の木の手すりなど、施工主（ベルギー人）のこだわりを随所に感じることができる。

2 ロシア芸術の華

望郷のメロディー

第2章で登場したアメリカ人、ヘレン・フォスターが、上海に到着してすぐフランス・クラブの「お茶とダンスの会」に出かけると、そこで演奏していたのはロシア人たちだった。

パリジャン風建築の照明が輝く大きなダンスフロアは、決してガラ空きというわけではなく、白系ロシア人のオーケストラが「パリの四月」を演奏していた——もっとも私の耳には、どちらかといえば「冬近きモスクワ」のように響いた。雪のなかで四輪馬車を狼の群れが追いかけているドストエフスキー風の暗い歌。

（ニム・ウェールズ『中国に賭けた青春』）

ロシア人たちの望郷の念やもの悲しいムード、手の届かない西欧へのあこがれは、芸術活動の中に結集された。一九三〇年代になって生活に余裕の出てきたロシア人たちは、文芸サロンでの活動や同人誌の発行、音楽会の開催などに力を入れるようになった。彼らは芸術を通して同胞とのつながりを強め、祖国の文化を保存し、次世代に伝えようとしたのである。

上海にやってきたロシア人の中には、少なからぬ音楽家、舞踊家、画家などがいた。特に音楽家たちはいずれもペテルブルグやモスクワの音楽院などで高度な専門教育を受けており、革命前から演奏家・教育家としてキャリアを積んでいた者が多かった。彼らが上海租界の住民になったことは、租界の音楽文化に大きな変化をもたらした。

共同租界では、一八七〇年代から外国人住民による娯楽活動が盛んになり、文化系クラブの発表会や舞踏会など、音楽が必要とされる場面が増えていった。一八七九年に結成された上海パブリックバンドは、住民の求めに応じて生まれた初のプロ楽団で、上海娯楽基金の援助によってフィリピン人音楽家を雇用し、パブリックガーデンでの野外演奏や、アマチュア演劇クラブの伴奏などを行なった。一八八一年からは工部局の一組織として、市民の税金で運営されるようになり、以後上海租界を代表する文化団体として知られるようになる。

パブリックバンドは、二〇世紀に入ってドイツから招聘した演奏家を各パートに配置し、ブラスバンドからオーケストラへの脱皮を図った。一九二二年に工部局交響楽団（Shanghai Municipal Orchestra）と改称し、イタリア人指揮者マリオ・パーチ（一八七八〜一九四六）のもとで本格的オーケストラとしてスタートすると、次々にロシア人奏者を採用した。「西洋音楽を演奏するには（フィリピン人でなく）西洋人がふさわしい」という考えが根強かったのである。こうして一九二〇年代末にはメンバーの六割がロシア人となった。

すぐれた指揮者の指導と、それに応えうる団員たちによって、オーケストラは「極東一」と言われるほどの演奏水準を誇った。また租界に住むロシア人ピアニストや声楽家などが頻繁にソリストとして舞台に立ち、演奏会の曲目が多様になっていく。一九三六年四月、ベートーヴェンの「第九」が上海で初演された時、四人のソリストのうち三人がロシア人であり、合唱団にも「ロシアン・コーラル・ソサイエティ」が参加していた。

ロシア人の少年少女による合唱団や、ロシア正教会の合唱隊のすばらしさは、租界の中ではよく知られていた。音楽家たちは次世代の教育に熱心で、いくつもの私設の音楽学校があっただけでなく、一九三六年には主要な音楽家を結集して「上海第一ロシア音楽学校」が創立された。

中国初の音楽学校とロシア人

ロシア人音楽家が育てたのは同胞だけではない。一九二七年に設立された中国初の音楽学校、国立音楽院（一九二九年に国立音楽専科学校と改称。今日の上海音楽学院の前身）は、フランス租界の中に校舎を持ち、多くのロシア人音楽家を教師として招いていた。ピアニストのザハロフ、アクサーコフ、プリヴィトコワや、声楽のシューリン、トムスカヤなど、代表的な音楽家たちはいずれもこの学校で教えている。彼らの厳しくも暖かい指導は、始まったばかりの中国の音楽教育に大きな影響を与えた。

音楽家たち、特に楽器を演奏する人々は、昼間は自宅や学校で教える一方、夜はホテルやナイトクラブなどでアルバイトをすることも多かった。それまで租界の商業施設で演奏する職業音楽家といえばフィリピン人がほとんどだったが、ロシア人音楽家が急増したことで顔ぶれが大きく変わる。ロシア人音楽家は、故国で体系的な教育を受け、いわゆる「クラシック音楽」の基礎がしっかりしていた上に、生活のためにジャズやダンスミュージックのレパートリーも積極的に身に付けていた。

植民地下で生活スタイルもかなり西洋化していたフィリピン人は、上海租界では「半西洋人」（semi-Westerner）と見なされていたが、欧米人客を主とする高級店では、白人であるロシア人音楽家の方が優遇された。アスター・ハウスやパレス・ホテル（現在の和平飯店南楼）で演奏したベルシャスキー五重奏団、キャセイ・ホテルのフォードロフ弦楽団、マジェスティック・ホテル（現存せず）のエルモラエフ・ロシアン・ジャズバンドなどは、上海のナイトライフに欠かせない存在となっていた。

特にエルモラエフ・ロシアン・ジャズバンドは、成り立ちからして興味深い。音楽家エルモラエフが一九二九年に結成したバンドは、あのスタルク艦隊とともにやって来た、ハバロフスク士官学校生の楽隊を母体としていたという。フォックストロットなどのダンスミュージックを得意としたバンドは、レコード録音も行ない、映画音楽の吹き込みにも参加する。作曲や編曲の腕もすぐれていたエルモラエフは、チャップリンが上海を訪れた時、特に彼のために一曲のタンゴを作曲した。喜んだチャップリンは、次の映画の中でぜひ使わせてほしいと言ったという。

第5章で述べるように、一九三〇年代末にはヨーロッパからユダヤ難民が到来し、職業音楽家の競争はさらに激しくなる。結果として音楽界のレベルはクラシックでもポピュラーでもますます向上し、上海はアジアでもまれに見る「音楽の都」になったのだった。

ロシアン・オペラとバレエ

白系ロシア人の到来によって、オペラやバレエが定期的に上演されるようになったことも、上海租界の大きな変化だった。

上海にはすでに一八七〇年代から、ヨーロッパの演奏家や歌劇団が巡業で訪れていた。彼らはアジア各地の植民地や、横浜・神戸などの居留地を順番に巡り、欧米人向けの公演を行

上海バレエ・リュス『ペトルーシュカ』の舞台

なっていたのである。一九二三年と二七年にはイタリアのカーピ歌劇団が、二五年には同じイタリアのゴンザレス兄弟歌劇団が公演を行ない、愛好家たちの人気を博した。また一九二四年には、ハルビン在住のロシア人による歌劇団が、北京、天津などの巡演の途中上海公演を行なっている。ハルビンでは前述のように、一九世紀末以来ロシア人コミュニティが形成されており、音楽を中心とする文化活動も、上海に比べ一日の長があった。以上のような歌劇公演に刺激を受け、上海在住の音楽家や愛好家の間には、地元のオペラを待望する声が高まっていた。

一九三二年春、「上海ロシア音楽教育協会」が上海在住のロシア人歌手・演奏家・舞踊家などを結集してムソルグスキーの『ボリス・ゴドゥノフ』を上演し、大きな反響を呼んだ。これを受けて、同年オリンピックシアターの要請により、ドボルジャークの『ルサルカ』、チャイコフスキーの『エフゲニー・オネーギン』を相次いで上演し、大成功を収めた。ロシア人によるロシア歌劇は、同胞に喜ばれただけでなく、上海の欧米人社会に幅広く歓迎されたのである。

この年には、ハルビン在住のロシア人によるオペレッタの出張公演もあり、一九三四年からは、本拠地を上海に定めた「ロシア軽歌劇団」が定期公演を始めた。一九四〇年までの六年間に、オペレッタを中心に約五〇の演目を披露し、参加した歌手・俳優は計一三七人、動員した観客はのべ一二万人に及んだという。その舞台となったのは、フランス・クラブの裏手に建つライシャムシアターだった。

しかし公演で常に満員の観客を集めながら、収益の半分は会場使用料に消えたため、団員たちは薄給に甘んじなければならなかった。他の音楽家たちと同様、団員たちは芸術に専念することはかなわず、生きるため他のアルバイトに忙しかった。

一方、上海バレエ・リュス（ロシアン・バレエ団）は、欧州で一世を風靡したディアギレフの「バレエ・リュス」の流れを汲む舞踊家と、ペテルブルグのマリンスキー劇場の出身者とが合流し、一九三五年に結成された。このバレエ団もライシャムシアターを本拠地とし、定期的に公演を行なった。共同租界工部局の助成を受け、フランス租界の銀行などからも経済的支援を受けていたというが、活動に金がかかることはオペラと同様だっただろう。

プリマ・バレリーナのオードリー・キングは、ロンドンの舞踊学校を出たイギリス人で、公演に参加するかたわらフランス租界でオードリー・バレエ・スクールを開いていた。イギリスのロイヤル・バレエ団の名プリマとして知られたマーゴ・フォンテーン（本名ペギー・フーカム、一九一九〜九一）は、上海で過ごした少女時代にオードリー・キングに師事していた。マーゴの父親は英米煙草会社上海支社で働いていたのである。

上海バレエ・リュスは『白鳥の湖』『くるみ割り人形』『コッペリア』など古典の定番を次々に上演し、上海ロシア文化の華として多くの観客を魅了した。またロシア歌劇のバレエ場面に出演したり、一九四〇年五月には工部局交響楽団が主催した「チャイコフスキー生誕百年記念フェスティバルコンサート」に参加し、『白鳥の湖』全幕を披露した。

日本人ダンサーの回想

このバレエ団には一九四〇年から、日本人ダンサーの小牧正英《こまきまさひで》が参加した。前年にハルビンのバレエ学校を卒業した小牧は、同級生であったロシア人、ニーナ・コゼヴニコワの紹介により、上海バレエ・リュスからの招聘状を得た。しかし時局悪化のため中国への渡航証明書を得ることができず、ままよと乗り込んだ船で大連から上海に渡ることに成功する。ロシア語が堪能だった小牧は、港でも、電車の中でも親切なロシア人に助けられ、ついにバレエ・リュスのメンバーを訪ね当てることができた。

……私がロシアン・クラブに着いた時は夜の九時を回っていた。

クラブのステージでは、ちょうどオペラ「ジィズニア・ツァレア（皇帝に捧げる命）」［グリンカの歌劇『イヴァン・スサニン』の原題＝引用者注］のアリアをメゾ・ソプラノが歌っているところであった。コルポフ氏［電車の中で偶然出会ったロシア語新聞の記者＝引用者注］は、まっすぐに舞台近くのテーブルに向かってスタスタと歩いていった。

そこには、まぎれもなく、ニーナ・コゼヴニコワの姿が見える。（中略）

彼女は、私を見つけるやいなや、すぐ飛んできた。

「コスチァ（私の愛称）どうしたのか、今日埠頭まで出迎えにいったが、船からの上陸《［ママ］》した乗客の中にあなたの姿が見えないので心配していたところだ」

といいながら、私をそこのテーブルにいる人たちに紹介した。

ニコライ・ミハイロヴィッチ、ソコルスキイ、奥さんのバラノワ、フェドス・シュビリューギン、ヘレン・ボビニナ、ニコライ・スイトラーノフ、その他の人たちは皆バレエ・ルッスの幹部ダンサーや振付師たちである。

この人たちは新入りの私を快く迎えてくれた。私の上海渡航までの話を聞きながら非常な感動をあらわし、食事を私にすすめ、みんなで私を抱きかかえて喜んでくれた。

（小牧正英『晴れた空に…　舞踊家の汗の中から』）

上海バレエ・リュスは、太平洋戦争中も日本軍の理解を得て公演を続けることができた。イギリス人のプリマ、オードリー・キングは「敵国人」として収容所に送られたものの、白系ロシア人は「中立国人」として自由に活動することができたのである。日本人としては先駆的なダンサーで、ロシア人たちの信頼も厚い小牧の存在も、バレエ団の存続に有利だったはずだ。戦時中も上海の繁栄を「演出」したかった日本側の思惑もあり、それまでバレエやオペラを見たこともなかった日本人や中国人のために、戦前にも増して盛んな活動が行なわれた（第４章参照）。

上海に根付いた「文化」

上海租界は貿易と商工業で発展した街であり、さまざまな国籍の人々が経済的利害のために寄り集まる場所であった。そのため欧米人たちは、しばしば上海の地に「文化がない」ことを嘆いていた。ヨーロッパの地において宮廷や貴族が守り育ててきた「伝統」や、歴史的・体系的な「芸術」は、上海という新興都市には欠落していた。そこを思いがけず埋めてくれたのが白系ロシア人であった。上海の「成金」たちは、初めて見る本物の貴族（中には「自称貴族」もいたという）にあこがれと敬意を持ち、彼らのサロン文化や芸術活動を通じてヨーロッパの香りを味わおうとした。難民であるロシア人が上海の経済に重要な役割を果たすことはなかったが、文化的な貢献はきわめて大きかったのである。

ロシア人はまた、貧しく不安定な境遇のゆえに、中国人にとっても身近な存在だった。彼らは地元の社会にとけこもうと努力し、商売を通じて中国人とも交流した。ハルビンなど中国東北部から流れてきたロシア人は、もともと中国人と共存することに慣れていたとも言える。ロシア人経営の飲食店のメニューや、隣人の食卓を通じて、ロシア料理を習い覚えた中国人も少なくなかった。「羅宋湯《ルオソンタン》」（ロシアン・スープ＝ボルシチ）や、手作りのマヨネーズであえたポテトサラダなどは、今日も上海の家庭料理の中に生きているという。

上海租界に住む外国人のうち、帰る国をなくし、治外法権の特権もなくしたロシア人が、最も広く深く、その生活スタイルを上海の社会に浸透させたことは興味深い。現代中国の女性作家で、上海の人と文化を鮮やかに描くことで定評のある陳丹燕は、こう書いている。

感傷的で退廃的だが優美さを失わぬ多くの情景によって、しまいに彼ら［ロシア人＝引用者注］は西洋に対するホームシックを、上海租界文化の中核部、習慣的な生活スタイルに対する上海人のこだわりのなかへ永遠に定着させてしまった。それは最も禁欲的な時代でも消えうせることはなかった。

（陳丹燕『上海メモラビリア』莫邦富・廣江祥子訳）

上海の中国人は、租界時代にひとたび味わった「西洋」――庭のバラや、ピアノの音色や、コーヒーの香りを、文化大革命の時代すらも忘れなかった、というのである。そのような生活への「こだわり」を教えたのは、イギリス人でもアメリカ人でもなく、「フランス租界のロシア人」だった。

太平洋戦争開戦により多くの外国人が上海を離れ、あるいは収容所に送られたため、外国人の数はめっきり減った。その中で、白系ロシア人は「中立国人」として従来通りの生活を送ることができたため、街を行く白人と言えばほとんどがロシア人だった。日本軍は、対外的な面子《メンツ》のために上海の「国際性」を維持する方針を採っており、白系ロシア人のように帰属する国家を持たず、政治性に乏しい白人は、街を飾るものとして格好の存在だったに違いない。

貧しいロシア人にとって、太平洋戦争末期のインフレや食料不足は厳しいものだったが、日本軍によって生命を脅かされる危険がないことは幸いだった。彼らの不幸はむしろ戦後になって訪れた。第二の故郷と思い定めた上海が、「赤化」の脅威にさらされたのである。社会主義革命を嫌って祖国を逃れた白系ロシア人にとって、革命の嵐がまた中国で起ころうとは、悪夢以外の何ものでもなかった。

流浪の民が上海に足をとどめてわずか三〇年。彼らが蒔いた「文化」の種——音楽やバレエの後継者がこの地に育って、これから花を咲かせようとするのを見届けることなく、ロシア人たちは再び流浪の旅に出なければならなかったのである。

第4章　日本人の挑戦

1　「後発組」の登場

幕末の衝撃

一八六二年六月、幕末の日本から上海の視察に訪れた一団がいた。長崎から官船千歳丸《せんざいまる》に乗り組んで約一週間。ようやく見えてきた上海の風景を日記に記したのは、長州藩士・高杉《たかすぎ》晋作《しんさく》であった。

五月六日［旧暦＝引用者注］、早朝川蒸気船来たる。本船を引き、左折して遡江《そこう》す。両岸民家の風景殆《ほとん》ど我が邦と異なるなし。右岸に米利堅《メリケン》商館有り、嘗《かつ》て長髪賊、支那人とこの地に戦ひしと云ふ。午前漸く上海港に至る。こは支那第一の繁盛なる津港なり。欧羅波《ヨーロッパ》諸邦の商船、軍艦数千艘碇泊《ていはく》し、檣花林森津口を埋めんと欲す。陸上には即ち諸

高杉晋作

邦の商館、粉壁千尺、殆ど城閣の如し。その広大厳烈筆紙を以て尽すべからざるなり。
(原文漢文。『高杉晋作全集』下巻)

港には数千もの船が行き交い、陸地には城のように立派な商館が建ち並ぶ。上海の港の繁栄ぶりは、高杉はじめ視察団の人々を圧倒した。当時の上海は租界設立から一五年あまり、黄浦江上から眺めれば、すでに十分街らしい姿を整えていた。この頃ちょうど周辺地域では、高杉の言う「長髪賊」(清朝への反抗を示すため、辮髪《べんぱつ》を切り落としたことからこう呼ぶ)、すなわち太平天国軍と、清朝政府軍・英仏連合軍の戦闘が繰り返されていた。租界には多くの難民が流入し、人口の急増によって、物価や不動産価格が暴騰していた時代である。

幕末の日本人は、清朝がアヘン戦争でイギリスに敗れ、上海の港を開いたこと、そこが貿易の中心として栄えていることをすでに知っていた。アヘン戦争から約一〇年後の一八五三年、ペリー率いるアメリカ東インド艦隊が現れて以来、日本では開国か攘夷かをめぐって激論が戦わされていた。結局幕府は、朝廷や諸藩の意見をまとめきれないまま、一八五八年にアメリカ、オランダ、ロシア、イギリス、フランスと通商条約を結んだ。開港と居留地の設置、自由貿易の保証、領事裁判権の設定などは、列強が清朝に求めたものとよく似ている。

幕府は一八六〇年、日米修好通商条約の批准書交換のため使節団をアメリカに派遣し、以後明治維新まで六回にわたって欧米に使節団を派遣した。アメリカやヨーロッパ諸国の実状を探り、日本を圧倒した軍事力や科学技術、政治や経済の仕組みを学び取ることが目的の一つである。幕府の使節団や派遣留学生だけでなく、有力諸藩も独自に留学生を派遣した。彼らが乗った船はしばしば上海を経由したため、日本人たちは目的地にたどりつく前に、上海で「西洋」を体験することになった。

高杉晋作が参加したのは、それらとは異なり、最初から上海の視察を目的とした視察団である。幕府が外国との商取引の実態を学ぶため、長崎奉行に企画させたもので、高杉のほか、のちに海軍の重鎮となる中牟田《なかむた》倉之助《くらのすけ》（佐賀藩士）や、関西実業界の雄となる五代才助《ごだいさいすけ》（友《とも》厚《あつ》、薩摩藩士）なども参加していた。

高杉晋作の目に映ったもの

約二ヵ月間上海に滞在した視察団の様子は、高杉晋作の日記『遊清五録』からもうかがうことができる。一行は、イギリス租界とフランス租界の境である洋涇浜《ヤンチンパン》クリーク付近にあった「宏記《こうき》洋行」に宿泊した。中国人の経営する洋式ホテルである。その三軒隣にはオランダ商館「默耶《もくや》洋行」があり、主人のクルースが領事代理となっていた。視察団は滞在中、このオランダ領事代理の斡旋によって上海道台を訪問したほか、フランス領事館やアメリカ、イギリス、ロシアの商館を見学した。フランス領事館では、陪従《ばいじゅう》の高杉らにも「梅酒及び佳《か》菓《か》」が振る舞われたというが、高杉はよほどおいしかったのか、「因りて知る、官吏を遇するに必ず美酒佳肴《かこう》を以てすべしと」と書いている。

このようないわば公的行事の合間に、高杉は中牟田や五代と連れだって頻繁に街に出かけた。ちょんまげに着物姿の日本人は、どこへ行っても野次馬に取り囲まれたようだが、その不便を押してまで彼らがどこを訪れ、何を考えたのかは、当時の日本人の上海観を知るために貴重な記録となっている。

たとえば高杉は、上海到着後三日目の朝に銃声を聞き、「実戦を見ることを得べし」とひそかに喜んだ。この年はじめから上海周辺で繰り返されていた太平天国軍の攻撃は、アメリカ人ワード率いる「常勝軍」の活躍などによって食い止められていた。長年にわたる攻防の中で、外国人の助力や西洋の武器なしには鎮圧が不可能であることを、すでに清朝も悟っていた。結局高杉が実戦の様子を目にすることはなかったが、県城西門外で行なわれていた清朝軍の練兵を見学し、「支那の兵術、西洋銃隊の強堅に及ぶ能はざるを知るべきなり」と記している。高杉はほかにも、イギリス軍の砲台で最新式のアームストロング砲を見学したり、アメリカ人の店で自ら「七穴銃」（七連発銃）を購入するなど、西洋の武器に対して強い興味を示した。

また高杉らは、イギリスのロンドン伝道会が経営する墨海《ほっかい》書館を訪れ、漢訳洋書を何冊も買い込んだ。墨海書館は、広州から上海に移り住んだ宣教師メドハーストが、バタビア（現在のジャカルタ）にあったロンドン伝道会の印刷所を移転し、聖書や学術書の印刷・出版を行なった場所である。中国語に通じ、アヘン戦争の時には従軍して通訳も務めたというメドハーストは、一八五四年、イギリス租界最初の参事会メンバーに選ばれたことでも知られる。墨海書館はやがて中国におけるプロテスタント系宣教師の一大センターとなり、宣教師自らが著述・翻訳に携わって、西洋の学術思想を紹介する本を多数出版した。

これらの本は清朝の知識人だけでなく、清の貿易船などから入手した幕末の日本人にも読まれていた。当時の日本人が世界情勢を理解し、西洋の科学技術の先進性を知ったのは、漢訳洋書のおかげであった。高杉が上海滞在中何度も墨海書館を訪れ、宣教師ミューアヘッドに面会しようとしていることから、墨海書館訪問が彼の主要な目的の一つであったことが推察される。高杉は『連邦史略』（アメリカの歴史や現状についての概説書）や『数学啓蒙』『代数学』などを購入しているが、自らが読むためだけでなく、知人への土産に買った本もあったのかもしれない。最新の書籍を自由に選ぶことができるのは、上海ならではのメリットであった。

上海でさまざまな異文化を体験した高杉であったが、街の様子を観察するにつけ、その繁栄が外国によってもたらされたものであり、各国商館の繁盛ぶりとは裏腹に、多くの中国人が貧しく「不潔」な暮らしをしていることが気になった。

……支那人は尽《ことごと》く外国人の便役たり。英法の人街市を歩行すれば、清人皆傍らに避け、道を譲る。実に上海の地は支那に属すと雖《いえど》も、英仏の属地と謂《い》ふもまた可なり。北京はこの地を去る三百里、必ず中国の風を存せん。親近をしてこの地に及ばしむれば、ああまた慨嘆すべし。因りて憶《おも》う。（中略）我邦人と雖も心を須《もち》いざるべけんや。支那の事にあらざるなり。

（『高杉晋作全集』下巻）

外国人に使われている中国人の姿や、イギリス・フランスの植民地と化した上海の現状は、高杉の胸に「一歩間違えば日本も同じことになる」という危機感を呼び起こした。日本の行く末を憂える高杉にとって、上海は強烈な「反面教師」の役割を果たしたのである。

帰国後高杉は攘夷の先頭に立ち、身分制を越えた「奇兵隊」を組織して馬関海峡（関門海峡）の防衛にあたったが、英・米・蘭・仏の四国連合艦隊に惨敗し、攘夷の不可能を悟った。その和議交渉で、四国連合は彦島《ひこしま》（下関市南端の島）の租借を要求したが、高杉は強い態度で拒否したと伝えられる。「租借」がやがては名ばかりとなり、主権を失い、民衆を苦しめる結果になることを、高杉は上海での見聞で確信していたのだろう。

高杉は明治維新を見ずに二七歳の若さで病死したが、その人生最初で最後の外国体験が上海であったことは、彼個人のみならず、動乱期の日本の進路にも大きな影響を与えたと言えよう。

東洋の新興国

一九世紀半ば以降の中国と日本は、欧米列強の軍事力によって開国を迫られたという点で共通しており、近代化が「西洋化」の意味合いを持っていたという点でも同じであった。しかし明治維新によって、国の内側からの改革に成功した日本は、以後列強にならった富国強兵政策を推し進め、欧米と同じ「支配する側」に立って中国に相対するようになる。日本人の上海への進出もまた、日本の産業の近代化や、市場としての中国の重要性の高まりを反映しており、日本の帝国主義的な拡張政策を体現するものとなっていった。

一八七〇年、共同租界工部局の人口調査でわずか七人だった日本人は、翌年日清修好条規が締結されると急速に増え始め、一八八〇年には一六八人となっていた。当初は長崎などからやってきた、雑貨などの小商いをする商人が中心だったが、女性もかなりの割合を占めており、そのほとんどは洋妾（西洋人に囲われた女性）か、花柳界の人々だったという。当時日本人は、多くの外国人がそうしていたように、ビジネスに有利な旧イギリス租界（バンド界隈）に住んでいた。一八七七年には、三井洋行（三井物産の前身）が福州路に上海支店を開設している。

すでにこの時代から、上海では日本の軽工業品が輸入されていたが、日清戦争後、綿製品

日本領事館

や洋傘、タオル、マッチといった日用品が大量に輸入されるようになる。これらは欧米の製品より安価な「東洋貨」(「東洋」は中国語で日本を指す)として人気を集めた。また日露戦争以後、紡績業を中心に、製粉、機械、搾油などの日本資本が一斉に進出した。日本人の数は一九〇〇年頃には一〇〇〇人を突破し、一九〇五年には二〇〇〇人余りと、すでにイギリスに次いで第二位となっている。

この時期から日本人は旧イギリス租界ではなく、領事館のある虹口《ホンキュー》地域に固まって住むようになった。虹口は共同租界の蘇州河以北の地域(旧アメリカ租界に相当)で、租界中心部から離れているため地価が安かった。もともとは中国人が多く住む地域であり、街路や建物の建設も比較的遅れていたため、「後発組」たる日本人が割り込むにはちょうどよかったのである。

日本は日清戦争、日露戦争、第一次世界大戦と戦争を経るたびに国際的な地位を高めていき、上海での存在感も増していった。特に第一次世界大戦は、イギリス、フランスなどのヨーロッパ資本に代わり、日本やアメリカの資本が進出した点で大きな画期点となる。日本人の数も一九一五年にはイギリス人を抑えて上海在住外国人のトップになり、一九二七年末には約二万六〇〇〇人と、上海の外国人総数の半数近くを占めるようになっていた。

第2章で記したように、上海の表玄関バンドには、この時代欧米の銀行が建ち並んでいたが、一九二四年に横浜正金銀行が進出し、二七年には植民地台湾の台湾銀行も姿を現した。第一次世界大戦の戦勝国となり、欧米と肩を並べるようになった日本の国力を象徴するような出来事である。このほか三井銀行、三菱銀行、住友銀行、朝鮮銀行、日清汽船、日本綿花などの大銀行・大会社が次々に上海支店を開設し、日本資本は上海の金融、運輸、紡績などの分野で大きな割合を占めるようになっていた。

日本人街の発展

アメリカやヨーロッパの国々に比べ、日本は地理的に近いという点で、上海進出にとりわけ有利な条件を持っていた。一九二三年には、日本郵船の長崎・上海間定期航路が開設されて往来が一段と便利になり、九州方面から「ひと旗上げる」ために渡ってくる人々が急増する。

上海の日本人社会は、人口総数が多い分、階層分化が激しかった。「ひと旗組」は虹口で日本人相手の商売に従事し、最後は上海に骨を埋める覚悟であった。このような人々を「土着派」と呼ぶ。一方、大銀行・大会社から上海支店に派遣された人々もいた。彼らにとって

呉淞路　虹口の日本人街

上海は任地の一つに過ぎず、任期が終われば日本へ帰るか、ニューヨーク、パリなどの支店に転勤して行った。このような人々を「会社派」と呼ぶ。「土着派」と「会社派」のライフスタイルや意識には大きな差があり、居留民組織の中で対立を招くこともあった。

「土着派」と、「会社派」の中の中間層（サラリーマン）が住む場所が虹口である。日本人経営の商店が建ち並び、日本語ですべての用が済む虹口は、時として外国で暮らしているということを忘れさせた。一方「会社派」の中のエリート層（支店長、幹部社員クラス）は、欧米人のように共同租界のオフィス近くに暮らし、最も裕福な者はフランス租界に自宅を持っていた。つまり上海の日本人は、社会的ステータスが高いほど暮らしが欧米化しており、低いほど日本と同様の暮らしを営んでいたのである。一九二〇年代末頃、上海の日本人居留民総数のうち、「会社派」エリート層が三パーセント、「会社派」中間層が四〇パーセントを占め、その他多数が「土着派」であったという。

金もなく、コネもなく、英語もフランス語もできない庶民にとっては、虹口こそが上海のすべてであり、欧米人の闊歩する租界中心部には足を踏み入れることもできなかった。虹口と共同租界中心部は蘇州河で隔てられており、ガーデンブリッジで結ばれているとはいえ、その心理的障壁は大きかった。虹口の日本人は、バンドの摩天楼や音に聞く南京路を思い描き、あこがれをこめて「河向こう」と呼んだ。

第一次上海事変以降の変貌

もともと中国人の居住地域であった虹口が、名実ともに「日本人街」に変わっていくのは、一九三二年の第一次上海事変以降である。前年の満州事変から世界の目をそらすため、日本軍は上海で日本人僧侶襲撃事件をでっちあげ、これが中国側の仕業であるとして賠償や抗日団体の即時解散などを要求した。上海市政府がこれを受諾したにもかかわらず、日本海軍特別陸戦隊は中国側に無断で閘北《ざほく》(上海語と日本語音読みを混ぜた言い方)一帯の警備区域を拡大し、ここから約一ヵ月に及ぶ戦闘が始まる。日本軍は中国人経営の工場が密集する閘北に激しい爆撃を加え、その白煙は上海の空を覆った。

閘北は中華民国政府の支配地域(華界)であるが、共同租界のすぐ北側にあたり、虹口とは隣接している。この時日本軍は虹口の越界路地域に作戦本部を置いていた。「越界路」とは、租界内の道路が領域を越えて延長された時、その道路に面した部分には租界当局の主権が及ぶとしたもので、共同租界・フランス租界は従来それを根拠に支配地域を拡大していた。

虹口は、共同租界内から延びる呉淞路、北四川路に沿って、北へ北へと市街化が進んだため、北半分は、華界の中に突出する越界路地域となっていた。

実質的に租界の一部と見なされていた越界路地域に、日本軍が作戦本部を置いたことは、租界の「武装中立」を破る初めての例となった。虹口の中国人は目抜き通りを行き交う軍人や軍事車輌に脅え、さらには日本人居留民が組織した自警団の目を恐れた。初めての市街戦を経験する日本人たちは、不安と恐怖にかられ、「便衣隊《べんいたい》狩り」(平服を着て一般人の間に紛れ込んだゲリラを捜索すること)を名目として、「怪しい」中国人を捕まえたのである。いわれのない罪を着せられて軍に引き渡されたり、自警団に処刑された中国人もいた。

多くの中国人が戦闘を避け、蘇州河を越えて共同租界中心部に逃げ込んだ。事変による中国側の犠牲者はわかっているだけでも六〇〇〇人あまり、避難民は一二〇万人とされる。工場の破壊などによる経済・産業の停滞は著しく、上海全市の八〇パーセントの労働者が失業した。

長崎などに避難していた日本人は、事変後再び虹口に戻り、街はにぎわいを取り戻した。しかしそれまで共存してきた虹口の日本人と中国人の間には、不信感が生まれていた。以後日本軍は共同租界北部と東部の広い地域を警備するようになったが、戦闘の一方の当事者にこうした権限を与えたことで工部局の権威は弱まり、中国人の不満は募っていく。しかし自らの生活と既得権益が守られた日本人は満足し、虹口地区が事実上「日本租界」であるとの意識が広まっていった。

一九三七年に第二次上海事変が起こった時、虹口・閘北は再び戦場となり、中国軍は密集した市街や、この地方独特のクリーク（水路）網を利用して激しいゲリラ戦を展開した。苦戦した日本軍は国内から大量の兵員を投入し、かろうじて勝利したが、この時味わった中国軍に対する恐怖や憎悪が、のちの南京攻略戦で爆発したとも言われている。

第１次上海事変での日本兵

上海では、虹口・閘北のほか、北部の江湾、東部の楊《ヤン》樹浦《ジッポ》、南部の南市地域も戦闘によって瓦《が》礫《れき》と化し、日本軍の死傷者四万、中国軍は一八万から二〇万と言われる死傷者を出した。二度の事変を経て、中国人の抗日意識は高まり、欧米人も租界の先行きに不安を抱き始めたが、それとは反対に、上海に渡ってくる日本人は右肩上がりに増えていった。目抜き通りである北四川路は、第二次上海事変以前は中国人の商店が多く見られたが、事変後は日本人商店が六〇〇軒と、街全体の九割を占めたという。太平洋戦争期にかけて、上海の日本人の数は最も多い時で一〇万人に達したが、その多くは戦争に乗じて一攫千金を当て込んだ出稼ぎ者や軍属であった。

2 外地に暮らす人々

太平洋戦争期にいわゆる「外地」に暮らしていた日本人は六〇〇万人以上に及び、終戦時の総人口七二〇〇万に対して、相当な割合を占めていた。上海は日本の領土や租借地ではなかったが、一八七〇年代から一九四〇年代まで、着実に日本人社会が発展したという特異な歴史を持っている。本節では、戦争期の出稼ぎ者、「会社派」の家庭の子供、「土着派」の商人という、異なる三者の視点から、日本人街における日常生活を見ていくことにする。

虹口の夢と現実

一九三八年初頭、プロダンサーの山田妙子は、駆け落ち先の大連で男にも仕事にも見切りをつけ、上海に渡ることを決意した。黄浦江から望むバンドの摩天楼に胸を躍らせた妙子だったが、船はそこにたどり着く前に、虹口の波止場に吸い寄せられていく。「猥雑という言葉がぴったりの港」に降り立った妙子は、不安を覚えながら上海での第一歩を踏み出した。

饐《す》えた臭いが鼻をつく町中を歩いて、『横浜橋』と書かれた小さな橋を渡りきるとすぐに、地図を見ながら先導していた子が立ち止まった。目の前に木造の掘っ立て小屋のような二階建てがあり、よくみると、その掘っ立て小屋に『Blue Bird』と看板がある。看板の文字が英語だったのがせめてもの救い……といったところだった。

〈何かの間違いじゃないの？　これが虹口で一番のダンス・ホールですって？〉（中略）

「ねえ、上海ってパリのようなところだって聞いてきたんだけど……」

彼女［古くからいるダンサーの一人＝引用者注］は、そういう質問は初めてじゃない、という感じで答えた。

「あのね。内地で『上海ってすごく素敵』とか言ってる人がいるけど、実際に、その素敵な租界で暮らした日本人なんて、ほんの僅かじゃないかな。租界の話を誰かから聞いて、まるで自分が租界でくらしたように、素敵と言うの。そんな人がいるから、上海って、どこもいいと思うじゃない？　アタシも来る前はそう思ってた。でも、見た通り。長崎からパスポートなしで来れるから、最近、長崎県上海市、なんて言われているけど、要は、虹口なんて長崎の田舎のようなもんよ。租界には、英語とかロシア語とかフランス語とか、とにかく西洋の

「マヌエラ」こと山田妙子

言葉がひとつでもちゃんとできないと、とても行けやしない。住むなんてとんでもないわよ」

（和田妙子『上海ラプソディー 伝説の舞姫マヌエラ自伝』）

「虹の入り口」という字面から、虹口の街にはとかく夢のように美しいイメージがある。しかし妙子の証言からもわかるように、その「繁栄」の実態は、共同租界・フランス租界とはかなり異なっていた。ここで妙子の目に映ったであろう虹口の街の様子を、順にたどってみよう。

日本人たちの暮らし

当時長崎から出航した日華連絡船は、ガーデンブリッジよりだいぶ手前の匯山埠頭に着いた。ここは虹口のはずれの中国人居住地域で、虹口中心部まで行くには黄包車《ワンボウツォ》（人力車）に乗って行かなければならない。黄浦江に並行して走る百老匯路（ブロードウェイ・ロード、現在の大名路）に入ると、伝統あるアスター・ハウスや、一九三四年に完成したブロードウェイ・マンション（現在の上海大厦）の威容が見えてくる。河に面したところには日本領事館が建っており、周辺は最も初期に日本人が住み着いたところだった。

南北を貫く大通り呉淞路（現在も同名）と、東西を走る文路（現在の塘沽路）の交叉点右手には、虹口の人々の胃袋を支える有名な「虹口マーケット」がある。三本の道に囲まれた三角形の市場には、地元で採れた野菜、長崎から運ばれた魚、ロシア人の焼くパンなど何でもあった。交叉点左手には、一九一四年に建てられた、堂々たる日本人倶楽部《クラブ》が見える。バー、演芸場、宿泊施設などを備え、現地の日本人社会の重要な社交場となっていた。

文路は早くから日本商店が集まった地域の一つである。旅館、浴場、薬局、医院、書店、土産物屋などが軒を連ね、日本語の看板や幟《のぼり》が目に付く。少し南側には東本願寺別院のモダンな堂宇があった。東本願寺が上海に説教所を開設したのは一八七四年と早く、八三年に虹口に移ってのち教育所を設けたのが日本人学校の始まりとされる。

第二次上海事変後、急速に繁栄した北四川路を北上してみよう。大小の商店、百貨店、ホテル、銀行、飲食店、映画館などが建ち並び、夜にはカフェやダンスホールのネオンサインがまたたいた。途中の「横浜橋」は兪涇浦クリークをまたぐ橋であるが、日本の「横浜」とは全く関係がない（横浜の「浜」は本来「濱」〈みぎわの意〉。「浜」は中国語で水路のこと）。当時のクリークは汚れて異臭を放ち、とうていロマンチックな場所ではなかった。

橋を渡るとすぐに「歌舞伎座」が目に入る。工場を改造して一九二四年にオープンした演芸場は花道付きの純日本式で、階上・階下合わせて一〇〇〇人を収容した。ビリヤード場、ダンスホール、カフェなどを併設した娯楽の殿堂である。

そのすぐ隣に有名なダンスホール「ブルーバード」があった。妙子の回想によれば、「ブルーバード」は「桃山ダンスホール」や「極東」など虹口の他の店と比べて客筋がよく、軍

虹口地図（1930年代）

虹口公園
上海神社
日本海軍特別陸戦隊本部
魯迅の家
知恩院
内山書店
ラモスアパート
福民医院
北部第一小学校
歌舞伎座
横浜橋
ブルーバード
宝山路
北四川路
呉淞路
上海毎日新聞社
ジャパン・ツーリストビューロー
西本願寺
東和ホテル
リッツ劇場
昆山路
林京子の家
文路（塘沽路）
虹口マーケット
東本願寺
日本人倶楽部
日本憲兵隊本部
百老匯路
ブロードウェイ・マンション
上海郵政総局
アスター・ハウス
エンバンクメント・ハウス
日本領事館
ガーデンブリッジ
ロシア領事館

人や商社マンが、内地から来た要人を必ず接待に連れて来る店だったらしい。客も、踊り子も、バンドマンもすべて日本人ばかりだったが、「ブルーバード」をアメリカ風に略して「BB」と呼ぶ人が多いのには「笑ってしまった」という。

北四川路をさらに北上すると、北部第一小学校や福民医院の近代的な建物がある。その先には知恩院や上海神社、広々とした虹口公園（現在の魯迅公園）もあり、家族で上海に暮らす日本人が折々に訪れる場所であった。ただしそれらを見渡す辻（北四川路と東江湾路の交叉点）には海軍特別陸戦隊本部の、鉄筋コンクリート四階建てのビルがそびえている。第一次上海事変の時も、第二次上海事変の時も、日本軍はここから出動した。虹口の日本人の暮らしを守っているのは、まさに軍隊の力であった。

妙子の目に映った虹口とは、欧米人の闊歩する「上海」ではなく、まるで日本の一都市のようであり、そのにぎわいは「銀座のほうがまだまし」という程度であった。軍人の多い大連からやって来て、洗練された都会に対するあこがれが強かった分、失望は大きかった。向上心の強い妙子は虹口の暮らしに飽きたらず、一流ナイトクラブでのソロダンサーを目指して、「河向こう」＝租界の欧米人社会に挑んでいくことになる（第5章参照）。

女性作家の追憶

上海は、戦時色を強めていく内地で活躍の場を失ったダンサーやジャズメンを多く惹きつけたが、ナイトライフの充実は虹口の風紀の悪化をもたらし、家庭持ちの日本人たちは眉をひそめた。「会社派」のサラリーマンや、「土着派」の商店主らは、ほとんどが戦争景気には無縁であり、平凡な暮らしが続くことを願うばかりだった。

林京子（一九三〇～）は、父親が三井物産石炭部勤務だった関係で、誕生の翌年上海に移住し、一九四五年二月まで暮らした。その後長崎で被爆した彼女は、被爆体験と、悩みを知らなかった上海での少女時代を対のように作品化している。一九七九年に発表された、上海を舞台とする一連の小説は、引き揚げ者の体験を反映した先駆的作品となった。

作品は、一家が第二次上海事変のため内地に避難したあと、一〇ヵ月ぶりに上海に戻ってきたところから始まる。彼らは虹口マーケットからほど近い密勒路《ミラー》（現在の峨眉路）の借家に住んでおり、父親はそこから「河向こう」のオフィスに通っていた。自宅は富裕な中国人が所有する一〇〇軒もの借家の一つで、赤煉瓦三階建ての洋館には暖炉と芝生の庭もついていた。「西洋かぶれの紳士」である所有者が、イギリスの街並みを真似て作ったもので、借家人との交渉はすべてイギリス人の差配が行なっていた。

このイギリス人の「小男」は、日本人に家を貸すことを嫌っていた。なぜなら日本人は、洋間を勝手に改造して畳を敷き、風が吹き込むからと言っては暖炉をベニヤ板で塞いでしまうからである。

差配は、日本人は我を張りすぎる、ここはあなたたちの国じゃないと言った。あなたの国でもないだろうと母が言うと、差配は頷《うなず》いて、だがここは私たちの文化の街だ、いいものに従うのがあたりまえだと言った。

（林京子『ミッシェルの口紅』）

一家は大家である中国人の家族と隣り合って住んでおり、日頃交渉の多い母親や子供たちは、上海語を使って彼らと付き合っていた。母親の分け隔てない態度は、隣家の老太婆《ロウタブ》（おばあさん、ここでは主人の母親を指す）の気に入るところとなり、事変後のささくれだった空気の中でも、この「トンヤンニン」（東洋人。日本人の意）に対する信頼は揺るがなかった。

一家が上海に戻った頃、虹口の街にはまだ戦闘の爪痕《つめあと》が残り、自宅には誰かが侵入した形跡があった。やがて日常の暮らしが戻ってきても、街中では抗日の空気がひしひしと感じられ、ひとたびテロ事件でも起これば、たちまち非常線が張られた。容疑者確保のために、武装した日本軍兵士が一帯をロープで取り囲み、すべての人間や車輛の通行を封じるのである。「短くて一時間、長ければ半日」もその場に釘付けにされ、社会生活が大きく阻害された。

隣家の少女

ある日、「私」は隣家の「明静」――幼い頃老太婆に金で買われた同年代の少女である――とマーケットにパンを買いに出かけた。焼きたてのフランスパンを抱えて家路を急いでいた時、封鎖に遭い、足止めを食らう。

私は、目の前に仁王立ちになっている兵隊の目を見つめた。気がついて、兵隊が私を見た。私は、兵隊の目を見ながら、日本人の子供です、と相手にわかるように首をかしげてみせた。兵隊は油断のない目つきで私の全身を調べ、日本人の子供か、通ってよし、と叫んだ。私は、すかさず綱をくぐり抜けた。通行人のいない道を、パンの袋を抱いて走った。誰もいない広い道を、特別に許されて走る快感が私にはあった。三叉路を渡り終ってから、向かい側の歩道を振り返って見た。中国人たちの黒い目が、蜂の巣のように重なりあって、私一人にそそがれていた。ふと私は、ワンポゥツォ［黄包車＝引用者注］で通り抜けた日の、土嚢の銃撃の跡を思い出した。私は、明静を見た。夕暮れの赤い光の中に、私と同じパンの袋を抱いた明静が立っていた。無表情な目で、道の向こうから私を見ている。私は、明静を置いて、走って家に帰った。時限爆弾だって、と母が言った。日本人が大勢死んだらしいよ、と言い、明静も一緒？　と母が聞いた。通行止めだもの、と私は言った。

私はときどき、裏口から路地の入り口をうかがった。残してきた明静が、やはり気になった。六時をすぎて、明静が帰って来た。パンを抱いて路地を通る明静に、ウェイ、と笑顔で私は呼びかけた。明静が、チュッと唇をすぼめて、唾を吐いてみせた。

（林京子『ミッシェルの口紅』）

戦争と隣り合った日常、「敵」と隣り合った暮らしが、虹口の庶民の中にはあった。子供同士の無邪気な付き合いにも、大人が作り出した国や民族の壁が不意に姿を現す。子供は子供なりに、「日本人の子供」であることが特権になりうると知っており、無邪気な顔でそれを行使するのだった。

戦後の長い時を経て発表された作品ではあるが、「私」の目には日本人である家族も、中国人の隣人も、近所に住むロシア人の娼婦でさえも、虹口の市民として同じ比重を持つ存在として書かれている。その突き放したような視線が、かえって、市井の人々の上にのしかかる戦争という巨大な影を際立たせている。人間同士の付き合いを容赦なく阻害する、非人間的な力こそは、上海だけでなく、外地に暮らす日本人が等しく直面したものだった。

書籍を介した交流

虹口の「土着派」の中で、書店経営者として成功し、日中文化人の交流にも大きな影響を与えたのが内山完造（一八八五〜一九五九）である。内山は岡山に生まれ、大阪・京都での丁稚奉公を経て、一九一三年三月に初めて上海に渡った。入信したキリスト教会の牧師の紹介で、参天堂（現在の参天製薬）の「大学目薬」の行商人となったのである。

中国各地への出張で留守がちな夫を待つ間、内職替わりに自宅で本を売り始めたのは妻のみきであった。クリスチャンであった夫婦は、上海の日本人YMCAのメンバーとして積極的に活動しており、当初扱っていた本もキリスト教関係の本ばかりだった。たたきあげの商人である内山は、上海の「土着派」の典型とも言えるが、一方では信仰を通じて、在留日本人のエリート層とも交流を持つようになっていた。

「会社派」のエリートや領事館関係者などは、学歴も高く教養もあり、上海の地にあって常に新しい知識や良質な娯楽を求めていた。内山夫婦は彼らの求めにしたがって、次第に一般書籍を扱うようになり、自宅向かいの空き家を購入して独立した店舗を開いた。内地では昭和に入って空前の「円本時代」が到来し、各種の文学全集や『マルクス・エンゲルス全集』などが人気を集めていた。内山書店はこれらの取り次ぎ販売を行ない、店舗からあふれた大量の本が路地に山と積まれた。

一九二九年、内山書店は施高塔《スコット》路（現在の山陰路）に移転した。まっすぐ北に延びている北四川路が初めて湾曲する角にあたり、路面電車の終点駅にも近く、商売には絶好のロケーションである。第一次世界大戦以降、人口の増加によって日本人街は北へ北へと拡大し、このあたりにも新興の社宅や住宅群が建設されていた。家族で上海に住む中間層（サラリーマン）が増えたことで、本や雑誌の需要はますます大きくなっていた。内山も店舗移転を機に参天堂を辞め、書店の仕事に専念するようになる。

内山書店の顧客は日本人ばかりではなかった。日本留学から帰国した中国人たちが、日本語の書籍を求めてやって来たのである。その中には作家の魯迅をはじめ、田漢、郁達夫《いくたつぷ》、郭《かく》沫若《まつじゃく》など、中国文学史に名をとどめる人々が数多く含まれていた。

内山は客とのコミュニケーションを大切にし、店の奥に椅子とテーブルを置き、お茶やお菓子まで出してくつろげるようにした。クリスチャンである夫婦にとって、日本人・中国人の分け隔てなく、誠実に奉仕することが信念であった。内山は当時日本人街の商店ではどこもやっていなかった、中国人に対する「貸し売り」を行なった。ほしい本があれば持って行ってもらい、つけにしておいて月末に集金するというものである。客との信頼関係を前提としたこの方法は、中国人の間に口コミで広がり、ますます客を増やすことになった。ちなみに「貸し倒れ」に陥るのはたいてい日本人客であり、中国人客にはほとんどいなかったという。

内山はかつて目薬の行商で各地を廻る中で、中国人の生活の実態や、ものの考え方に触れてきた。中国人が個人的な信頼関係を重視し、「官」の威光をむやみに信じないことや、現実を重視し実利的であることなどは、日本人との対比において内山の胸に深く刻まれた。自らを「無学の人間」であるとし、一商人の立場を貫いた内山は、その中国体験を素朴な言葉で綴り、「漫談」「漫語」などと称して出版した。それらの著作は、上海の日本人たちの様子を生き生きと伝えるだけでなく、当時の日本人の中国観を知るための貴重な資料となっている。

内山完造と魯迅

内山はまた魯迅との深い交流でも知られる。魯迅は一九一八年に、白話《はくわ》（口語）を用いた初の小説『狂人日記』を発表して以来、新文化運動の旗手として北京で活躍した。しかし反体制的な言論によって軍閥政府にマークされ、北京を脱出して一九二七年一〇月に上海にやって来た。内山と親交を結んだのは、それから間もなくのことである。

当時の魯迅は、親によって決められた結婚がとうに破綻し、北京時代の教え子だった許広平《きょこうへい》とひっそり暮らしていた。一九二九年には長男海嬰《かいえい》（上海で生まれた赤子、という意味である）が生まれ、五〇歳を目前にして初めて家庭の団欒を知った。魯迅が上海時代、順に住んだ三つのアパートは、いずれも虹口の越界路地域で、内山書店の最初の店舗や、移転後の店舗とは徒歩で行き来できる距離である。日本に留学経験のある魯迅が、虹口に身を落ち着け、内山書店の常連客となったのは自然であったろう。

内山は魯迅の家庭の状況も理解し、筆一本で生活を立てる魯迅を陰から支えた。第一次上海事変の際は、陸戦隊本部のはす向かいにあった魯迅の住まい（二番目に住んだラモスアパート、現在の北川公寓）が危険であったため、書店の二階に一家をかくまい、そこも危なくなると「河向こう」にある支店に避難させた。

内山完造（右）と魯迅

魯迅一家が上海で最後に住んだアパート（現在は魯迅故居として公開されている）は、書店裏にある内山の自宅とは目と鼻の先である。内山は魯迅の書籍代のみならず、アパートの家賃・光熱費まで立て替え払いをしていたという。内山は中国の知識界における魯迅の地位を認め、魯迅を尊重することが、すなわち中国の知識人を尊重することにつながると考えていた。それは、中国の地で書籍を商う者としての、現実的な判断でもあった。

魯迅は、内山が「日本政府のスパイ」と中傷された時、それに反駁してこう書いている。

内山書店については、ここ三年間、私はたしかに出かけては、書物を捜しおしゃべりもしているが、上海のいわゆる文人の何人かと話すよりはいくらかまだ気がおけないのである。というのも、彼が商売をするのは、金を儲けるためであって、スパイをしているのではなく、彼が本を売るのは、金を儲けたいがためであって、人血を売っているのではないと確信しているからである。この点に関して、自分では人間だと思っているが、実は犬にも劣る文人たちはもっと学ぶべきである。

（魯迅『偽自由書』「後記」近藤龍哉訳）

魯迅は、根拠もないデマを飛ばして他人を攻撃する「いわゆる文人」よりも、「金を儲けるため」に本を売る、まっとうな商人を信頼した。魯迅独特の冷たい、皮肉っぽい筆致だが、内山を人間として信じる気持ちは誰よりも強かった。

魯迅は上海で過ごした晩年に、左翼作家連盟の設立に尽力し、その活動が国民党政府の弾圧などによって行き詰まったあとも、文学における抗日統一戦線の結成に心を砕いた。日本軍国主義と厳しく対峙した魯迅であったが、虹口の日本人街での日常生活で、個別の日本人との間に結ばれた絆は揺らがなかった。

一九三六年一〇月一八日、病に倒れた魯迅の絶筆となったのは、かかりつけの日本人医師を呼んでくれるよう頼む、内山宛の日本語の手紙であった。

3 「国際都市」という舞台

上海がアジア有数の大都市として発展した一九二〇〜三〇年代、仕事で長期滞在する人々のほかに、旅行や船の乗り継ぎなどで上海に降り立つ外国人が急増した。船舶が旅の主要な手段だったこの時代、上海の港は各方面の航路が集中するターミナルの役割を果たしていた。

とりわけ日本からは、地理的な近さのゆえに多くの旅行者が訪れた。一九二三年二月に就航した日本郵船の「日華連絡船」は、上海丸、長崎丸の二隻が交互に往来し、長崎・上海間を片道二五〜二七時間で結んだ。一等四五円の切符が買えない庶民も、畳敷きの三等船室（一八円）に寝ころんで一昼夜過ごせば、そこがもう上海だった。

当時日本では、国家の枠組みにとらわれない上海の「自由」さや、「中国の中の西洋」といった特徴が一定程度知られていた。それは実際に上海で生活した人々の体験を通してだけでなく、一九二〇年代以降次々に発表された著名作家の紀行文、小説などの影響が大きかった。人々は、これらの作品を読んで上海に対するイメージをふくらませ、自ら上海に渡ったのである。

なかでも、村松梢風《むらまつしょうふう》（一八八九〜一九六一）の『魔都』（一九二四年）は、そのタイトルが今日の日本でなお上海の代名詞となっていることからもわかるように、幅広い読者に影響を与えた。静岡の地主の家庭に生まれ、東京での学生生活を遊蕩《ゆうとう》に費やしたという村松は、日本電報通信社の記者を経て、一九一七年に「琴姫物語」で作家デビューした。女性経験の豊富さから「情話作家」として人気を集めたが、作風を広げる必要を感じ、一九二三年三月に初めて上海を訪れる。日華連絡船の就航直後の時期であり、ちょうど街が繁栄のピークへと駆け上がっていくさなかだった。ひとたび上海の魅力にとらわれた村松は、以後何度も渡航を繰り返し、大量の中国関連作品を残して文壇の「支那通」と認められることになる。

村松は『魔都』の「自序」で、上海を「世界各国の人種が混然として雑居して、そしてあらゆる国々の人情や風俗や習慣が、何んの統一もなく現はれてゐ」る「巨大なるコスモポリタンクラブ」と形容した。村松をとりわけ惹きつけたのは、「文明の光が燦然《さんぜん》として輝いてゐると同時に、あらゆる秘密や罪悪が悪魔の巣のやうに渦巻いてゐ」るという上海の「極端」さだった。繁栄する街の様子や物質的な豊かさが観光客を魅了する一方で、世間知らずの日本人には想像もつかない犯罪や性風俗が上海には存在する。『魔都』というタイトルは後者を強調するものであり、本文で生き生きと紹介されるエピソードは読者を刺激してやまなかった。たとえば以下のようなくだりである。

> 或る日本の婦人が、大馬路を歩きながらショーウインドを眺めてゐた。大馬路といふ街は、所謂《いわゆる》南京路といふ大通で、東京の銀座以上の大商店の櫛比《しつぴ》してゐる上海第一の繁華な街だ。ホワイトアウェイとか永安公司とか、そのほか有名なデパートメントストアなどは大概此の通りのうちにある。（中略）ショーウインドの前に立つてうつとりと中の商品に見惚れてゐると、其処《そこ》へ一台の自動車が走つて来て、一人の西洋人が自動車か

ら飛び降りて、ツカツカと婦人の側へ寄つて行つて肩のあたりをポンと叩いた。婦人はヒョイと振り向いたが、彼女は其の途端にフラ〳〵として西洋人の腕へ倒れ掛けた。一寸見ると甘つたれてゐるやうにも見えた。西洋人は其の婦人を両方の腕で抱くやうにして自動車へ連れ込んだ。自動車は直ぐに走り出した。それは僅々一分か二分の間の出来事であつた。往来の人々はそれを目撃してゐたけれど、無論其の日本婦人と西洋人とは親しい間柄だとしか思はれないので誰れも怪しむ者はなかつた。ところが、其の日本の婦人の家では、昼間彼女が大馬路へ買ひ物に行つた儘《まま》夜になつても帰つて来ぬので非常に心配し始めた。段々騒ぎが大きくなつて警察部が活動すると、漸《よう》く《や》前の事柄だけが判《わか》つたので、彼女は西洋人の悪漢のために魔酔剤を嗅がせられて誘拐されたものだといふ事になつたが、犯人が上らないので何処《どこ》へ連れて行かれたのか判らない。其の日本の婦人はいまだに行方不明である。

（村松梢風『魔都』）

上海随一の繁華街、南京路で起こった日本人女性拉致事件は、白昼に潜む「魔」として読者を震撼させたに違いない。事件の真偽は不明だが、身代金目当ての誘拐や、女性や子供の拉致事件などは、当時しばしば上海の新聞に報じられていた。村松自身が、上海に来てからこの種の「怖ろしい話」をいくつも聞き、震え上がったことを告白している。

ところが、二ヵ月の上海滞在のうちに、いつしか作家の心中には逆転現象が起こる。「不思議なことには、私の心持が、さういふ罪悪や秘密が有《も》つてゐるところの毒々しい魔薬を嗅ぐやうな魅惑の力に識《し》らず〳〵のうちに惹き付けられて行くのだつた」。「麻薬」ならぬ「魔薬」というところが、いかにも「魔都」らしい。華やかな都市の裏にうごめく人間たちの欲望に、「情話作家」の本性が目覚めたのであろう。村松は上海の繁栄が中国の主権喪失の上に成り立っていることを理解しながらも、その「支那でもない西洋でもない」「雑然混然とした」「人間の自由な生活」に惹きつけられていった。そうした自らの矛盾を忘れさせてくれるのも、また上海の「魔薬」だったのだろう。

　村松は、街路を埋め尽くす「支那人」に対する恐怖や嫌悪を綴るなど、日清戦争以来の日本人による中国人蔑視もうかがわせるが、そこには中国の民衆の貧しさそれ自体を貶《おとし》める意識はほとんど見られない。『魔都』より先に発表され、村松自身が触発されたという芥川龍之介の「上海游記」（一九二一年『大阪毎日新聞』に連載、のち二五年に『支那游記』として単行本化）で、上海の「図々しい」乞食や、「不潔それ自身」の車夫や、城内に立ちこめる「尿臭」がことさらに取り上げられているのとは対照的である。「西洋」であると「支那」であるとにかかわらず、あるがままの上海の姿を受け入れ、街の空気に自らが同化していくような、柔軟で好意的な態度が村松の作品には際立っている。

　村松という作家の個性が上海という都市とめぐりあい、この地を礼讃する最大の作品を生み出したことは、日本人にとって幸運だった。村松の名は没後、次第に忘れられたが、「魔都」のイメージは、その後も日本人の上海に対するあこがれの中に生き続けた。非日常的な「自由」や、「生」=「性」のエネルギーを渇望する人々にとって、上海は他のどんな都市よりも日本人の身近にあったのである。

上海租界の異邦人

歴史的に欧米人の居留地として建設されてきた上海租界において、日本人はとかく異質な存在であった。日清、日露の両戦争を経て列強の仲間入りをしたものの、欧米人から見れば、言語や文化、肌の色も異なる東洋人であることに変わりはなかった。二〇世紀に入って日本人が急速に増え始めた時、欧米人たちは、髪を結い上げ着物を着た女性の姿などに好奇の目を向けた。ほとんどの日本人は英語やフランス語にも疎く、コミュニケーションが難しいため、ますます不可思議な存在と思われた。

第一次世界大戦以前は、上海の欧米人は日本や日本文化に対してそれほど深い関心があったとは思われない。日本資本が上海経済に大きな位置を占めるようになって、初めて興味を持つようになったのが実状であろう。日華連絡船のおかげで、欧米人にとっても日本に渡るのは楽になった。長崎・九州方面には、中国国内と同じかそれ以上に気軽に旅行ができ、たとえ短い休暇でも、雲仙を観光して小浜温泉につかるくらいは簡単にできた。

第2章で登場したヘレン・フォスターとエドガー・スノウは、上海で出会った一年四ヵ月後、わざわざ東京へ行って結婚した。「上海のように不愉快できたならしい場所で結婚するのはいや」。「東京は素敵だし清潔だわ。わたしはクチナシの花と日本の花嫁衣装がいい。日本中を旅行して長崎から船に乗りましょうよ」（ニム・ウェールズ『中国に賭けた青春』）。一九三二年のクリスマス、二人は日本の着物を身に付け、帝国ホテルで式をあげた。新婚旅行は熱海であった。「親中派」の二人にしても、人生の門出は中国より日本という意識が働いたらしい。「清潔」は欧米人が日本を語る時のキーワードであり、しばしば中国との対比において用いられた。

日本は日清戦争後に結ばれた日清通商航海条約附属議定書の規定によって、上海に専管租界を設置する権利を持っていた。これに基づいて、日本は一八九九年に共同租界が四回目の租界の拡張を行なった際、「日本租界」設置を要求した。結果的に、日本の希望した地域が共同租界の拡張区域に含まれたため、日本は共同租界の構成要員の地位にとどまったが、日本側には、むしろその方が面倒も少なく好都合という判断もあった。租界に居住し経済活動を行なう権利が保証されていれば、現実的に問題はなかったのである。

共同租界の中での孤立

ところで中国人から見た日本は、いち早く近代化に成功したアジアの先進国であったが、見習うべき「手本」という側面と、欧米に追随して植民地支配に荷担する帝国主義国家という負の側面を併せ持っていた。虹口の日本人街の発展は、日本の軍事侵略と表裏一体であり、中国人の排日意識は容易に上海の日本企業・商店に向けられた。

一九一五年の対華二一ヵ条要求は、上海において激しい日貨排斥運動を惹き起こし、商売が成り立たず不満が鬱積した日本人と、中国人巡捕（警察官）が衝突する事件が起こった。排日運動の激化に対抗するため、虹口の各地域には町内会が組織され、住民による自警団が日本人の避難救護にあたった。一九二五年の五・三〇事件の際、さらに多くの町内会が組織されたことから、それらを統合して「上海日本人各路連合会」が成立した。

虹口に住む日本人は共同租界工部局の行政管理下にあったが、人々の意識レベルでは、共同租界の一員というよりは、「虹口＝日本人街の一員」という方がふさわしかった。すべての日本人は各町内会を通じて「上海居留民団」に所属し、外務省機関（上海においては総領事）の監督を受ける存在と位置づけられている。居留民団は紡績会社などからの寄付金を主な財政基盤とし、民団立学校（小学校、高等女学校、商業学校など）や、墓地・火葬場の経営など、住民の暮らしに密接に関わっていた。財政の関係で、居留民団の理事機関である「行政委員会」の委員は、大会社の重役や銀行支店長などから選ばれた。少数のエリートが多数の民衆の福利厚生を図るという構図は、工部局参事会の成立経緯とも似ている。

虹口はもともと日本人と中国人が隣り合って住む地域であり、貧しい白系ロシア人や、のちにはユダヤ難民も集中して住み着いた。虹口の日本人の大半は「土着派」であり、日常生活や商売のレベルではこれらの外国人と互いに依存する関係にあった。しかし日貨排斥運動のような、中国人の過激なナショナリズムを目の当たりにした時、日本人には容易に恐怖や憎悪が生まれた。上海はそもそも中国の地であり、中国人住民が圧倒的多数を占めている。その中国人が立ち上がった時、日本人が築き上げてきた生活の基盤が危うくなることは必至だ。「土着派」は上海に骨を埋める覚悟でやって来ただけに、日本人街の将来は、「会社派」よりも一層切実に受け止められただろう。

第二次上海事変後、虹口や東部の楊樹浦は日本軍の占領下に置かれ、ガーデンブリッジをはじめとする、蘇州河にかかるすべての橋に歩哨所が設けられた。通行人と車輌は必ず検問を受けなければならず、中国人は兵士の前でお辞儀をしなければならない。「敬礼」の度合いが不十分と見なされると、容赦なく銃の台尻で殴られたので、これを嫌う中国人はできるだけ橋を渡らないようにした。こうして虹口は共同租界の中でますます孤立した地域となっていった。

日本人のジレンマ

それでは虹口に住む日本人たちは、上海という国際都市において、欧米人や中国人の視線をどのように受け止め、自らの地位をどのように見ていたのだろうか。内山完造は、三五年に及ぶ中国での生活を振り返った作品の中で、軍事力を背景に繁栄する日本人街と、その

「文化」の有様について、批判的な視線を寄せている。

日本は上海戦［第二次上海事変＝引用者注］に於いて見事に勝利した。然しその勝利によつて占拠した上海の虹口区域に日本人は果してどんな文化を展開させたであらうか。北四川路の通りに沢山ダンスホールが出来た、ジャズバンドとネオンサインとは美しく賑やかであつた。然しそれはかつてあつたものと同じである。今現に河向ふ（旧英租界やフランス租界）にあるものに比べてどうだと云へば、その美に於いても、その賑やかさに於いても、少しも優秀ではないではないか。更に日本独特の面に於いてみるに「一寸《ちよつと》一パイおでんかん酒」「しるこ」「寿し」など云ふちやうちんをぶら〳〵させたものはどうだ。これもどう見ても河向ふの店に比べてその貧弱に於いて勝つてゐるのみではないか。（内山完造『そんへえ・おおへえ』）

内山の視線には、おそらく彼が書店で触れ合ってきた中国の知識層の視線が重なっている。欧米や日本に留学した中国人たちは、上海租界で展開されている各国の文化を見比べずにはいられなかった。日本に対する理解の深い中国人ほど期待は大きく、また裏切られた時の失望も大きかったに違いない。戦勝に自惚《うぬぼ》れている日本が、文化建設という点においては欧米に遠く及ばないというのが、彼らの認識であった。

内山の目に映った北四川路の風景は、先に紹介したダンサー、妙子の回想と併せて読むと、一層興味深い。妙子はダンスホール「ブルーバード」をアメリカ風に「BB」と呼ぶ人が多いのに笑ってしまったというが、「アメリカ風」であることへの単純なあこがれと、飲み屋の軒先のちょうちんが示すような郷愁が共存しているのが、虹口の日本人街の特徴だったと言えるだろう。

そのような街の雰囲気は、日本国内と同じように暮らしたい人間には心地よくとも、上海の国際性を意識した人間には、どこか気恥ずかしく感じられた。職業や交友関係などによって、虹口の日本人の暮らしを相対化する視線を持ち得た人々は、日本土着の「ちょうちん文化」が、租界の主流をなす文化とは異質であることに気づいていたのである。

明治以来、欧米に追いつき追い越せを目標にやってきた日本は、軍事力を背景に上海における主導権を握りつつあったが、日本がその勢いで土着の「ちょうちん文化」を押し広げることは、租界ではそれこそ「場違い」になってしまう。では日本が租界の支配者となった時、どのように振る舞い、どのような文化を打ち立てるべきなのか。――この問題に内山は答えてはいないし、その後の日本人の行動からも、答を読み取ることは難しい。上海は「中国の中の西洋」であるがゆえに、アジアの他の支配地域に対する施策が通用しないというジレンマを、日本は抱えることになるのである。

日本軍の進駐

一九四一年一二月八日、日本軍は蘇州河を越えて共同租界に進駐し、いよいよ「河向こう」を支配下に収めた。日本軍は当面工部局の業務を英米人に続けさせ、「現状維持」の方針を採ったが、これはその方が上海という都市の機能を保持するのに得策であるという判断からだった。租界の国際性を保つことで、各国に対する日本の面子も立ち、住民の混乱も最小限に抑えることができる。中立地帯としての租界があった方が、蔣介石政府との接触も容易であり、対中国戦の早期解決にも役立つ、という目論見《もくろみ》もあった。

フランスにすでに親独のヴィシー政権が樹立されていたことから、日本軍はフランス租界には進駐しなかった。しかしフランス租界も、実質的に日本軍の支配下にあることに変わりなかった。

英米の領事館員は日本軍進駐後ただちに軟禁され、英米企業の資産は差し押さえられた。日本軍は市民生活の混乱を防ぐために、水道、電気、電話、

香港上海銀行に翻る旭日旗　日本軍の租界進駐とともに掲げられた

市電のような公共企業には手を出さなかったが、ロンドンそっくりの二階建てバスは街から姿を消した。

租界の行政・警察に対する改編は段階的に行なわれた。工部局の英米人参事は辞職を迫られ、参事会議長や警視総監などの要職はすべて日本人が占めるようになる。多国籍市民の団結の象徴だった義勇隊も解散させられた。

英米系の新聞・雑誌などは発行が停止された。『チャイナ・ウィークリー・レビュー』編集長のパウエルは、一二月二〇日に憲兵に連行され、北四川路の憲兵隊本部で尋問を受けた。翌四二年二月末まで、狭い営倉に大量の人々と共に拘留され、その後さらに江湾に新設された捕虜収容所に送られることになる。約四ヵ月に及ぶ拘留期間中、栄養失調と寒さに苦しみ、懲罰として長時間正座を強いられたことなどから、両足の先が壊疽《えそ》になり、切断を余儀なくされた。

自由都市の最期

パウエルは一九四二年六月の捕虜交換船で帰国することができたが、残留した人々に対する日本の管理政策は厳しさを増していく。一九四二年一〇月からは、一三歳以上のすべての「敵国および敵性国人」は赤い腕章をつけることが義務づけられた。「敵国」とはイギリス、アメリカ、オランダであり、交戦国であるベルギー、ギリシアの人々も対象となる。これらの人々は、映画館、劇場、ダンスホール、ナイトクラブ、競馬場、酒場などの娯楽施設に出入りすることが禁じられた。こうした方策は、多数の中国人市民に対して、日本人が英米人をコントロールしている現状を見せつける意味合いもあったのである。

一九四二年末から太平洋での戦局が悪化すると、敵国人の扱いはより厳しくなった。翌四三年一月末から、総計六七〇八名の敵国人が、九つの収容所に分けて収容された。その結果、さまざまな国籍の外国人があふれた上海の街には、「中立国人」とされた白系ロシア人、「枢軸国人」であるドイツ人とイタリア人、その他（ポルトガル、スペイン、フランス、トルコなど）の人々しか残らなかった。

租界の外国人住民が、このように国籍に基づいて分断されたのは初めてのことだった。イギリス人中心の工部局の支配下では、人種や国籍による「差別」は存在しても、人種や国籍に基づいて生存権を脅かされることはなかった。第一次世界大戦の時でさえ、ドイツ人が身柄を拘束されるようなことはなかったのである。

日本はドイツ、イタリアと軍事同盟を結んでいたが、日本軍による支配が、上海のドイツ人、イタリア人に歓迎されたというわけでもなかった。上海の欧米人がみなそうであったように、ドイツ人やイタリア人は上海における自らの権益を第一と考え、とりわけ親中国的な外交官や企業家は、本国政府が日本との関係を強めることに反対していた。上海のドイツ人（非ユダヤ系）約三〇〇〇人のうち、ナチス党員は一割程度であったといい、大半のドイツ人はユダヤ人迫害政策などに必ずしも同調していなかった（だから第5章で述べるように、上海にはユダヤ難民を受け入れる余地が生まれたのである）。

租界の自由な生活が日本軍によって阻害された時、彼ら「枢軸国人」たちの微妙な意識は、日本側の施策に対する冷ややかな態度として表れた。当時の警察の記録では、一九四二年一二月に実施した防空演習の際、観察された「枢軸国人」の様子を、以下のように分析しているという。「表面協力的態度を装いながらも非常に消極的にして彼等は枢軸国人として些かも便宜または特権等を賦与されないことに不満を抱き演習に対する防護団の組織、訓練等においても全く傍観的態度である」（高綱博文「日本占領下における「国際都市」上海」『戦時上海』所収）。日本軍という支配者に対するこのような態度には、人種的な意識も反映されていると考えられる。

イタリアが一九四三年九月八日に連合軍に降伏すると、黄浦江に停泊中のイタリア船コンテ・ヴェルデ号と砲艦レパント号は、日本軍に接収されることを潔しとせず、自沈した。このことは、船舶不足に悩み、二隻に目をつけていた日本軍を激怒させた。日本軍は上海におけるイタリア権益をすべて「敵産」とし、イタリア人には褐色の腕章をつけさせて区別した。

租界の「返還」

日本軍は租界進駐当初から、上海の経済上の重要性を考慮して、大きな変革をできるだけ避け、市民生活に混乱を与えないよう努めた。英米人の排除と敵産の接収が済むと日本軍は撤退し、蘇州河以南の共同租界には、交通の要所で歩哨にあたる少数の兵士しかいなくなった。上海が変わりなく繁栄していることを「演出」するために、映画館や劇場、ダンスホールなどの娯楽施設も、以前とほぼ同様に営業を続けることが許された。

日本軍が神経をとがらせたのは、中国人による抗日活動である。中国人市民に対しては、テロや犯罪が起きた際、近隣住民に連帯責任を負わせる「保甲《ほこう》」制度（一〇戸を一甲、一〇甲を一保として編成した隣組制度）を実施し、検問や特定地域の「封鎖」を行なうなど、市民生活を厳しく管理した。太平洋戦争開戦当時、日中戦争は開始から四年以上を経てすでに泥沼化しており、日本軍は大都市と、それを結ぶ主要鉄道という「点と線」を支配しているに過ぎなかった。日本軍の支配下に置かれた上海租界は、戦争遂行のための兵站《へいたん》基地と位置づけられ、中国人経営の企業は、すべて「合弁」「経営委任」などの形で日本軍の管理下に置かれた。

日本軍による経済統制と物資の収奪によって、インフレーションや食料不足などが甚だしく、人々は苦しい生活を強いられた。生活が窮乏したのは、中国人だけでなく、租界に暮らす外国人も同様である。燃料節約のために自家用車の使用も禁じられ、かつて贅沢な暮らしを楽しんだ外国人も、電車やバスの乗客となった。

日本軍は、上海租界の支配者としての正当性を手に入れるため、傀儡である汪精衛政権を前面に押し立てようとした。英米の勢力を一掃したところに日本軍が居座るだけでは、「大東亜共栄圏」の名分も立たず、民衆の反感が募るだけだからである。一九四三年一月、日本は汪精衛政権が太平洋戦争に参戦するのと同時に、租界の返還と領事裁判権の撤廃を定めた協定を締結した。ほぼ同時期に、蔣介石の重慶政府もアメリカ・イギリスとの間に新しい条約を結んだため、法律的にはこの時点で、共同租界は消滅した。フランス租界も、日本の圧力を受けて同年七月に「返還」された。

両租界は一九四五年八月の終戦まで、実質的に日本軍の支配下にあったが、建前上、汪精衛政権のもとで行政機構の改組が行なわれた。共同租界は上海特別市第一区、フランス租界は同第八区と改称され、工部局や公董局はそれぞれ「区公署」という役所に変わった。

日本軍の「文化工作」

人口の大多数を占める中国人市民の目を、戦争という現実から逸《そ》らすため、日本軍は「文化工作」に着手した。すでに一九四〇年七月には、「中日文化協会」が発足しており、南京を総会として上海にも分会が作られていた。上海分会の活動主旨は「中日両国の文化交流を促進して両国朝野の感情を融和すると同時に東洋文明を発揚し、善隣友好の目的達成を期す」こととされ、具体的には学術講座や講演会、展覧会の開催や、学術・芸術・スポーツ等を日中共同で研究・発展させることなどが謳われていた。しかし、日本の進んだ文化を遅れた中国に普及させるという意識が強かったため、中国側の協力者を得ることは難しく、常に財政難という問題を抱えていたこともあり、その活動は停滞気味だった。

「東洋文明の発揚」という野望にとらわれ、あるいは日中共同の学術研究という理想に燃えて、作家や文化人が内地からやって来た。目的はどうであったにせよ、彼らは伝え聞く上海の自由さに、多かれ少なかれ期待を持っていた。実際のところ、租界（日本軍は「旧租界」と呼んでいた）からは、それほど簡単に欧米文化が消えたわけではなかった。ロシア人の商店では従来どおりコーヒーやケーキを楽しむことができたし、上流の日本婦人の中には、わざわざアヴェニュー・ジョッフルまで出かけて、フランス製の香水や絹のストッキングを買い求める者もいた。内地とは比べものにならない物質の豊かさや、「敵性」であるはずの英米のライフスタイルの名残が、上海を訪れた日本の文化人を戸惑わせ、「文化工作」の意志を挫《くじ》くのだった。

　占領期の上海における日本側の文化活動については、敗戦による資料の散逸などから、その全貌をうかがうことは難しい。しかし、音楽や映画などに関する断片的な事実から、日本側が当初推し進めようとした「大東亜共栄圏」的な施策よりも、従来租界に蓄積されてきた文化伝統を維持・継承した活動の方が、より多くの市民にアピールしたことがわかる。

　たとえば、市民の税金で運営され、上海の数少ない公的文化団体の一つであった工部局交響楽団は、多額の運営費がかかることから、しばしば納税者会議で存廃が議論されていた。

一部の在留日本人は、オーケストラが少数の欧米人だけのために活動していると考え、多くの税金を支出することは不適当であると主張していた。ところが日本軍の租界進駐後、いよいよオーケストラの解散が現実となった時、「欧米人が運営していたオーケストラを、日本人がつぶせば面子が立たない」という論調が出現する。その結果、日本側が設立した「上海音楽協会」によって、一九四二年六月から運営が引き継がれ、「上海交響楽団」と改称して演奏活動を続けることになった。

ひとたびは「お別れコンサート」まで開いた楽団が、ほとんど改組することもなく活動を続けられたのは、団員の多くが「中立国人」である白系ロシア人とユダヤ人だったことも理由の一つである。その後、「日本人もオーケストラを振れる」ことを、団員にも聴衆にも見せつけるために、日本から呼ばれたのが朝比《あさひ》奈隆《なたかし》（一九〇八〜二〇〇一）だった。日本でユダヤ系ロシア人のエマヌエル・メッテルに学んだ朝比奈は、団員の受けもよく、一九四三年一二月八日に行なわれた「大東亜戦争二周年記念演奏会」を皮切りに、約二ヵ月にわたって定期演奏会を指揮した。

オーケストラは、工部局に運営されていた時代と同じように、週一回のペースで定期演奏会を行なった。夏は虹口公園やフランス租界の顧家宅《クーカザ》花園（現在の復興公園）で野外コンサートを行ない、秋から春にかけてはフランス租界のライシャムシアターで演奏した。それまで英語のみだったプログラムは、日本語と中国語でも印刷されるようになった。英米人がいなくなった街では、新たな聴衆を開拓する必要があったからである。

しかし日本軍が租界を支配した後も、一般の日本人が虹口から租界中心部へ出て来ることは少なかった。軍の関係者などを除けば、大半の日本人は特権を与えられることもなく、従来どおりの生活を送っていた。何よりも、日本人は慣れない租界中心部へ出て、抗日テロに巻き込まれることを恐れていたのである。そこでオーケストラを聴きにやって来る人々は、ほとんどが中国人とロシア人になった。会場を埋め尽くす中国人の姿は、英米人がいた頃にはとうてい考えられない光景だった。中国人のピアニストや声楽家が舞台に立つようになったことも、この時期の特色であった。

戦時に咲いた花

一九三七年に日中戦争が始まってから、上海の作家や文化人は続々と国民党支配区の重慶や、共産党支配区の延安などに向かった。「孤島」となった上海租界に残った人々も、重慶や延安と連絡を取り合って活動を続けた。しかし日本軍進駐後、もはや聖域でなくなった租界では「抗日」を訴えることはできず、活動家は常に生命の危険に脅かされることになる。

そんな中で、音楽界や映画界の人々は、表面的には日本軍への恭順を示しながらも、組織・人員を確保し、企画・製作に関する最低限の権利を守るために努力した。

そして日本側にも、彼らの苦衷《くちゆう》を察し、できる範囲で協力を行なった良心ある人々がいた。

たとえば上海における映画の製作・配給・興行の責任者、川喜多《かわきた》長政《ながまさ》（一九〇三〜八一）である。彼は軍部の圧力に抗しながら、中国人向けの映画はすべて中国人によって撮るという方針を貫き、中国人スタッフらに厚く信頼された。

一九四三年五月に封切られた『萬世流芳』には、満州映画協会の女優李香蘭《りこうらん》が初めて出演し、主題歌を歌って一躍人気スターとなった。李香蘭は本名山口淑子《よしこ》（一九二〇〜）、たぐいまれな美貌と歌唱力、ネイティヴ並みの中国語力を買われ、中国人女優として活躍してきた。

> 李香蘭は日本人ではないか、という噂がないではなかった。しかし、《萬世流芳》に登場した彼女の演技と歌唱に魅きつけられた中国人観客にとって、そんなことはどうでもよかった。楽しいもの、美しいもの、すぐれたものには無条件に拍手を送る。そういう点では、ものによほどこだわらない大らかさが、中国人の性格の一面にあるように思える。（辻久一『中華電影史話』）

中国人市民は長い戦争に倦み疲れ、日々の憂さを吹き飛ばしてくれるような「明星《スター》」を求めていた。そこで日本側は、人々に広く愛された李香蘭の歌声を惜しみなく披露しようと、大音楽会「夜来香《イエライシャン》ラプソディー」を企画した。彼女のヒット曲「夜来香」を、日本から来た服部良一（一九〇七〜九三）がシンフォニック・ジャズにアレンジし、上海交響楽団をバ

中川牧三とバレエ・リュスのメンバー　後列左から小牧正英，朝比奈隆，中川，一人おいて草刈義人（上海交響楽団マネージャー）

ックに歌わせたのである。一九四五年六月、最高級映画館グランドシアターで開かれた音楽会は連日超満員となり、熱狂した中国人聴衆が、曲中の李香蘭のセリフに誘われ、舞台の上に上がってくるほどだった。

　戦時中とは思えない華やかな舞台が実現したのは、軍部にも理解者がいたからだった。たとえば陸軍報道部文化担当の中川牧三（一九〇二〜二〇〇八）である。中川は戦前にドイツ、イタリア、アメリカに留学して指揮や声楽を学び、風采もよく、外国語や社交界のマナーも身に付けた異色の軍人として知られた。彼は昼間は軍服姿でも、夕方になると背広に着替え、颯爽《さっそう》と夜の街へ出て行った。上海という都市において、武力や強権が何より嫌われ、「文化工作」の妨げになることを痛感していた中川は、報道班員たちにも、肩書きを捨て、「一人の芸術家として」中国人や外国人と付き合うよう勧めていたという（山口淑子・藤原作弥『李香蘭・私の半生』）。

映画界の川喜多長政だけでなく、文化活動の最先端に立つほとんどの日本人は、国策を背負ってというよりは、上海の「自由」を継承するために、あるいは内地では生かされることのない自己の才能を発露するために、それぞれ働いた。ジャズを愛する作曲家服部良一も、古典バレエを愛する舞踊家小牧正英もそうであった。しかし戦局の悪化や、物資・活動資金の欠乏といった状況のもとで、芸術家個人の思いは無惨につぶされていく。

一九四五年三月に上海を訪れ、文化工作機関の一つに籍を置いていた堀田《ほった》善衞《よしえ》（一九一六〜九八）は、日本を離れる前、訪中経験のある先輩文学者からこう言われたという。「日本の中国に施すべき（中略）政治的武力的の対策はもう破綻に近い。武力がいくら残つてゐようともう絶望に近い。残された唯一の道は文化だけである」（堀田善衞「反省と希望」）。折しも東京大空襲の直後であり、国内の文化的状況に見切りをつけた形で渡航した堀田だった。しかし戦争末期の上海で目にしたものは、内地と変わらぬ軍当局の統制の厳しさであり、文化の「新しい芽」などとうてい期待することもできなかった。

日本敗戦のニュースがすでに知れ渡った八月一一日、堀田はあえて歓喜に沸く街に出てみた。日本人であることを隠さず、わざと戦闘帽をかぶっていた堀田だが、中国人にも外国人にも危害を加えられることはなく、かえって寂しさを感じる。中日文化協会が事務所を置く

「日華クラブ」（イギリス籍ユダヤ人富豪モラーの邸宅を接収したもの）で、広い芝生の庭に夕日がさすのを見ていた時、堀田はふと紀友則の和歌を思い出す。

ひさかたのひかりのどけきはるのひにしずごころなくはなのちるらん

（堀田の日記より引用）

咲いたかと思う間もなく散り急ぐ桜。それは若き日の作家の心象風景であっただけではない。一九世紀末以来、多くの日本人が上海の地に咲かせた夢も、敗戦によってすべて無に帰すのである。

第5章　ユダヤ人の苦難

1　祖国を追われて

極東の避難所

一九三九年五月、あるユダヤ人の一家が緊張と不安に顔を強ばらせて船のデッキに立っていた。まもなく到着する上海について、親しくなった船員が語ってくれたことは本当だろうか？　上海とは「世界の脇の下」であり、「東洋のスラムで肥溜め」であり、「中国の皮の上の膿んだできもの」だ——。しかしまた彼は、同時にこうも言ったのだ。上海は「わくわくするところ、おもしろい冒険好きな人々や、隠された財宝や美しい芸術があふれる、豊かな大都会だ」と。

前年一一月の反ユダヤ暴動「水晶の夜」事件（シナゴーグやユダヤ人経営の商店が襲撃され、割れたガラスがきらきら光っていたことから称する）を契機に、ドイツ、オーストリア、東欧

港から収容所へ向かうユダヤ難民

各地のユダヤ人は一斉に国外脱出を始めた。ナチスがドイツの政権を取って以来、ヒトラーの反ユダヤ政策は日に日に強まっていたが、身の振り方を決めかねてひっそり暮らしていたユダヤ人たちも、もはやこれまでと決心したのである。

当時西ヨーロッパの国々やアメリカは、ユダヤ人の窮状を知りながら、移民の数に制限を設け、裕福な者しか受け入れたがらなかった。貧しい移民が急増すれば、職が奪われ、社会が不安定化するなどの理由からだった。行き場のないユダヤ人が、藁《わら》にもすがる思いで希望を託した場所、それが上海だった。上海の共同租界は、当時ユダヤ人をビザなしで受け入れてくれる世界で唯一の場所だった。多くのユダヤ人は、上海がどこにあるのかも正確には知らなかったが、アメリカや他の国々へ渡るまでの中継点として、ひとまず上海を目指したのである。

ユダヤ人の大半は、シベリアを横断する陸路より、危険の少ない海路を選択した。ヨーロッパ各地からまず鉄道でイタリアを目指し、トリエステもしくはジェノヴァの港から船に乗る。地中海からスエズ運河を通り、シナイ半島を経由してインドのボンベイへ。そしてセイロン、シンガポール、マニラ、香港などに寄港しながら、ようやく上海にたどり着くのは約四週間後のことだった。

ユダヤ人コミュニティ

港で難民を出迎えたのは、上海のユダヤ人コミュニティが組織した国際欧州難民救済委員会の代表だった。上海租界が難民として受け入れる白人は、ロシア人に次いで、ユダヤ人が二番目である。租界の人々がすでに経験を持っていたことは、ユダヤ人にとって幸いだったし、何人もの富豪を含むユダヤ人コミュニティが早くから存在していたことも有利だった。

ユダヤ難民が到来する以前、上海には約四五〇〇人のユダヤ人が生活していた。そのうち四〇〇〇人は、ロシア革命前後にロシアを離れた難民で、その系統をアシュケナジィ（中・東欧のユダヤ人）と呼ぶ。一方、上海開港初期から活躍したサッスーン家や、富豪のハルドゥーン家、カドゥーリー家の一族をセファルディィ（地中海系ユダヤ人）と呼んだ。両者は言語や宗教的習慣を異にしていたので、当初は互いに交流がなかったが、アシュケナジィ系住民の急増などから、両者共通のクラブ、救貧施設、学校などが建設されるようになった。サッスーンらの富豪は、多額の寄付でコミュニティの活動を支えた。

ナチスに追われた難民がやってくるようになった時、ヴィクター・サッスーンは、自らが所有する高級アパート、エンバンクメント・ハウス（現在の河濱大楼）の一区画を宿舎として提供した。また難民の自立を促すための低金利ローンも、サッスーン家の資金で開設され、多くの難民に利用された。難民救済委員会の長期にわたる活動は、富豪の財力と、海外からの支援金なしには成り立たなかった。

上海には一九三八年末からユダヤ難民が続々と到着し始め、その数は最も多い時で二万人に達したという。出迎えの救済委員会の代表は、まずこのように挨拶するのが常だった。「今日からみなさんはドイツ人でも、オーストリア人でも、チェコ人でも、ルーマニア人でもありません。ただのユダヤ人です。全世界のユダヤ人が、みなさんのために家を準備して待っています」。

難民の暮らし

難民たちはまず、虹口地区に開設されたハイムと呼ばれる臨時の宿舎（収容所）に案内され、食事と寝床を与えられた。財産の持ち出しを制限され、ほとんど着の身着のままでやってきた人々にとって、生活が分かれるのはここからである。当初ユダヤ難民の住む場所に規制はなかったので、金や宝石を隠して持ち出すことに成功した者や、外国からの送金がある者は、共同租界中心部やフランス租界のアパートを探して移り住んだ。中国人の使用人や車夫を雇って、ゆとりある暮らしをする人々もいた。彼らは競馬場やジェスフィールド公園

（現在の中山公園）を散歩したり、ライシャムシアターの音楽会に行ったりして、上海らしい生活を味わうことができた。

しかし経済的余裕がない難民は、虹口の長屋に固まって暮らした。一九三七年の第二次上海事変で戦場となった虹口は、逃げ出した住民が帰らぬまま荒廃した地区も多かった。救済委員会が空屋をまとめて借り上げ、安い家賃で難民に貸すなどしたため、虹口には多くのユダヤ人が住み着くようになった。その中心となったのは虹口東部、提籃橋《ていらんきょう》監獄（現在の上海市監獄）の周辺で、舟山《しゅうざん》路、塘山《とうざん》路（現・唐山路）、匯山《わいざん》路（現・霍山《かくざん》路）などである。この一帯はバンドや南京路などの、共同租界中心部からはずれているため、もともと家賃や物価が安く、難民にとっては暮らしやすかった。

荒れ果てていた街路には急ごしらえの住宅や商店が次々に現れた。最もにぎわったのが舟山路のあたりで、ウィーン風のカフェや商店が建ち並び、「リトル・ウィーン」と呼ばれるようになる。故郷を追われた辛さを紛らわすために、人々は小銭をためては「カフェ・ウィーン」や「カフェ・アトランティック」に行き、一杯のコーヒーでねばりながらおしゃべりするのがささやかな楽しみだった。

ユダヤ人の商店は、中国人や日本人、貧しいロシア人の多かった虹口の新しい風物となった。コーヒーや、新鮮なホイップクリームを使ったケーキ、ドイツ風ソーセージなどは、本場の味として日本人たちにも喜ばれた。商売のうまい店は、日本語の看板を掲げて日本人客を歓迎した。

虹口は第二次上海事変以降、日本軍の管轄となっており、日本軍はユダヤ難民の扱いに頭を悩ませた。歴史的に、日本人にはユダヤ人差別の観念がなく、東洋の新興国としては、人種差別そのものを容認するわけにはいかなかった。またアメリカとの関係が悪化の一途をたどったこの時期、ユダヤ難民を優遇すれば、アメリカのユダヤ財閥の好感を勝ち得ることができるという期待もあった。日本軍と共同租界工部局は、いずれも治安維持などを理由に、一九三九年八月下旬をもって新たな難民の流入を禁止したが、上海租界における難民の処遇は、総じて安定したものであった。

しかし一九四一年一二月、ついに太平洋戦争が勃発すると、ユダヤ難民の状況は一変する。サッスーンらのイギリス籍ユダヤ人富豪は資産を没収され、海外の主要な支援団体（アメリカ・ユダヤ人合同配分委員会など）からの直接送金もストップしてしまった。戦況の悪化に伴って「敵国人」が収容され始めると、ユダヤ難民にも措置が及び、一九四三年二月から虹口の「指定地区」（提籃橋周辺に境界線を定め、鉄条網で囲った）に強制的に隔離されるようになる。通行証がないと指定地区外に出ることはできなかったので、外部に仕事を持っていた人々は職を失うことになった。

太平洋が戦場となったため、難民たちがアメリカに渡る望みは遠のいた。そして何よりも難民を苦しめたのは、日本がナチス・ドイツに迎合してユダヤ人迫害を強めるのではないかという不安だった。

虹口は日本軍の軍事施設と隣接していたため、太平洋戦争末期にはアメリカ軍の空襲を受け、巻き添えとなったユダヤ難民三一人が死亡するという悲劇もあった。飢えや病気に耐えながら、難民たちは禁じられたラジオのニュースを隠れて聞き、戦況を口コミで伝え合った。一九四五年八月、彼らの苦手とする蒸し暑い夏がまためぐってきた時、ユダヤ難民はようやく自由を得る。その後さらに数年をかけ、ほとんどのユダヤ人は国際的支援によってアメリカやイスラエルなどに渡った。彼らが故国に残った親戚・友人の悲惨な最期について、詳しく知るのはそれからのことである。

少女の日記

冒頭のユダヤ人一家が上海の港に降り立った時、そこに立ちこめていたのは「人間の排泄物のにおい」だった——。ウルスラ・ベーコン『ナチスから逃れたユダヤ人少女の上海日記』(以下『上海日記』)によれば、ドイツで裕福な暮らしをしていた一家の最大の困難は、街を埋め尽くす排泄物とゴミとの闘いだった。

一九三九年五月から八年三ヵ月もの歳月を上海で過ごした著者——第2章で上海を撤退するアメリカ軍を見送った少女——は、実体験に基づき、逆境の中でも希望を失わずに生きる人々の姿を克明に描いている。隠れ家で書かれた『アンネの日記』や、収容所での極限状況を描写した『夜と霧』にも通じる人間の強靭さ、崇高さが胸を打つ。それにしても、『上海日記』の中で汚物に対する描写が繰り返されることは、上海の繁栄のイメージにそぐわない、意外な印象を与える。

まず上海に到着したその日、一家は難民救済委員会にあてがわれた宿舎で、水洗タンクもない「壺」だけのトイレを見て驚愕する。ゲシュタポの拷問を受けた時でも毅然としていた父親が、トイレを見て泣く姿に接して、少女は強いショックを受ける。

共同租界では下水道整備が一八六〇年代以降に進み、年代ごとに下水管の強度を高め口径を大きくするなど、相当の設備投資がされた。それは高温多湿の上海で、伝染病への不安を常に持っていた外国人にとっては必要不可欠なことだった。しかし、水洗トイレやバスタブ付きの浴室が完備されたのは、ほとんどが租界中心部の外国人向け住宅であった。しかも、下水道網が処理場まで完全に届いていたわけではなかったので、どこかの段階で必ずバキュームカーのお世話にならなければならなかった。

虹口地区では、水洗トイレ付きの住宅は少なく、室内で「壺」(中国語では「馬桶《モードン》」という)を使うのは当たり前だった。家族全員が使った馬桶を、翌日の早朝通りに出しておき、汲み取り人夫が中身を集めていったあと、竹ひごを束ねた専用の道具で掃除する……というのが虹口ではおなじみの光景であった。人間の排泄物は近郊の農家にとっては重要な肥料であったし、工部局の側にも、汲み取り業者に営業許可を与える代わりに多額の税金が入るというメリットがあったのである。

馬桶を洗う光景は、虹口で少女時代を過ごした林京子（第4章参照）の作品でも描写されている。林京子の住んだ家は洋館だったので、水洗トイレがあったようだが、家にはアマ（中国人の女中）専用の馬桶があった。母親に「不潔」と禁じられていたにもかかわらず、「私」は馬桶の「開放感」が好きで、あえて用を足してみたりする。それだけでなく、ある朝家族の目を盗んで、中国人の主婦や使用人らの馬桶洗いに参加させてもらうのだった。糞尿の臭いは「上海の朝の臭い」として全く気にならない「私」だったが、姉は「非文明的」として嫌っていた（林京子『ミッシェルの口紅』）。同じ日本人の中でも、糞尿に対する感覚には差があるようだが、当時日本国内でも「汲み取り式」が一般的だったので、日本人にはそれほど違和感はなかったのではないだろうか。

トイレである「壺」を洗う光景

しかしドイツ都市部で当たり前のように水洗トイレを使っていた裕福なユダヤ人は、排泄物にじかに触れることが苦痛でならなかった。長屋の裏口に面した路地には馬桶を洗った汚水がそのまま流れるだけでなく、中国人の子供などは道ばたで平気で大小便をする。高温多湿の夏を迎えると、路地のゴミ置き場はすさまじい異臭を放ち、回収も追いつかないままに、蠅、蚊、ネズミ、ゴキブリなど伝染病を媒介する虫や動物が大量に発生した。

臭気立ちこめる街で

ある時少女は、ゴミ箱の中に、生まれたばかりの赤ん坊まで発見した。当時中国の貧しい家庭では、労働力にならない女の子が捨てられることが多かった。少女の良心が赤ん坊を助け出させたが、中国人社会では中途半端な同情は禁物であり、助けたならば一生面倒を見なければならないのが掟であった。

ユダヤ人のみならず、上海を訪れる欧米人を最も困惑させたのは、街全体に立ちこめる臭気であったらしい。さまざまな汚物が浮かぶ黄浦江は、黄色いヘドロのような河だったという し、虹口の街中を流れるクリークは言わずもがなだった。租界設立当初、黄浦江の水際は、涼しい風の吹き渡る格好の散策場所だったが、二〇世紀の産業の発展と人口の拡大は、川風を独特の生臭さに変えていた。

難民たちの中には、上海に適応できる者とそうでない者がおり、各人の年齢や性格によって左右された。少女はドイツ語のほか英語・フランス語も話すことができ、上海に来てからは上海語もおぼえて、街の中国人とコミュニケーションを行なうことができた。近所のお湯屋から湯を買うことや、市場への買い出しは少女の役目だった（旧式の長屋にはガス設備がなく、石油コンロか七輪しかなかったため、お湯を沸かすのに時間がかかる。人々は料理や沐浴のために、鍋や魔法瓶を持ってお湯屋に湯を買いに行くのが普通だった)。

少女の父親はドイツでは印刷業で成功した資産家であり、アメリカに知人もいるとあって、難民の中では恵まれた境遇だった。アメリカからの送金があっただけでなく、勤勉で明るい性格が幸いして、上海でも中国人の協力者を得て新たな事業を興すことに成功した。また母親も趣味だった裁縫の腕を生かして内職に精を出し、多数の注文を取るまでになる。

一般にユダヤ難民は低い賃金でも勤勉に働き、それまで白系ロシア人が従事していた仕事を奪う傾向にあった。租界の白人社会の下層に位置づけられていたロシア人に、ユダヤ人が加わることになり、ロシア人たちからは反撥もあったという。

ユダヤ人たちは指定地区に隔離され、外部との出入りに制限が設けられた後でも、たゆまぬ努力によって商売を続け、自活を目指した。指定地区内で三〇七軒もの店が経営されていたが、それらはほとんど難民相互の需要に基づいていた。雑貨店、薬局、理髪店、裁縫店、帽子店、水道工事店、靴直し、錠前屋などである。そのほか洋服店、古物店、書店の多さも目を惹くが、おそらく人々が手放した大切な品々を扱っていたのだろう。太平洋戦争末期には物資が極度に欠乏し、『上海日記』によれば、難民たちはほとんど「物々交換」のみによって生きていたという。

2　精神の貴族

魂の旅

物質的に窮乏し、不安定な生活の中でも、ユダヤ人たちは音楽や、演劇や、詩を忘れなかった。一九四二年二月（『上海日記』では一九四〇年頃とされているが誤り）虹口匯山路のブロードウェイシアター（現在はレストラン「申申菜館」）で上演されたレハールのオペレッタ『メリー・ウィドウ』は、ウィーン出身のローズル・アルバッハ・ゲルステルが主演し、本場顔負けの舞台で聴衆をわかせた。

……美しい声、行き届いた舞台、入念にリハーサルを重ねたに違いない小さなオーケストラ。ホンキュ［虹口＝引用者注］の古い映画館いっぱいに、割れんばかりの拍手が鳴り響いた。幕が下りると、父も含めて聴衆は一つになり、立ち上がって喝采を送った。クルト［一家の隣人＝引用者注］と父は、歯の間から甲高く口笛を吹きながら、手が熱く真っ赤になるまで拍手を続けた。（中略）

「世界中のヒトラーみたいな人間は、無実の人を破壊して殺すことができるかもしれない。拷問にかけ、恐怖に陥れ、飢えさせて。でも、人の魂を殺すことはできないわ。音楽と芸術も。音楽への愛も。美しい音楽は永遠に生きるのよ」母の声が少し震えた。「それに魂というのは、運べるのがいいところね。連れて旅ができるものね」目に涙を浮かべていた。

（『ナチスから逃れたユダヤ人少女の上海日記』和田まゆ子訳）

ユダヤ難民の中では音楽家が相当な割合を占めており、難民救済委員会が行なった職業登録の統計によれば、五一二〇人のうち二六〇人が音楽家だった。ある証言によれば大半はウィーンから来た人々で、少なくとも三人は楽友協会「黄金のホール」（今日ウィーン・フィルのニューイヤーコンサートや定期演奏会が行なわれることで知られる）での演奏経験があったという。彼らが同胞のために開くコンサートは、困難な生活の中で貴重な慰めとなった。小オーケストラ、室内楽、ピアノやヴァイオリン、いろいろな形態のコンサートがあった。またブロードウェイシアターの屋上には「ロイ・ルーフガーデン・カフェ」があり、ジャズの生演奏でダンスができたという。

一九四四年夏には、二度の野外コンサートが開かれ、「シューベルトの夜」「シュトラウスとレハールの夜」と銘打って懐かしい名曲を披露した。当時すでに指定地区に隔離されていたユダヤ人たちは、その夜だけ日本軍の許可で地区外の会場に足を運んだ。日本軍に気を遣って、コンサートの冒頭に演奏されたのは「陸軍行進曲」と「軍艦行進曲」であった。

普段指定地区の管理を担当し、通行証の発給も行なっていた日本軍人、合屋(『上海日記』では「ゴヤ」とされるが、「ゴウヤ」か)は、権力を笠に理不尽な嫌がらせをするので有名だった。その彼はなんとヴァイオリンを趣味とし、ユダヤ難民の一人にレッスンを受けていたという。「ユダヤの王」と自称していた彼は、難民たちの音楽会や演劇の会にすべて顔を出したが、自分が来場して合図をしてからでないと始めさせないという横暴ぶりであった。

ナイトライフの陰に

ユダヤ人たちは同胞のために演奏するだけでなく、生活のために個人教授をしたり、ナイトクラブで演奏したりし、クラシックからポピュラーまでの音楽文化に大きな影響を与えた。たとえばヨアヒム兄弟は、ユダヤ人コミュニティの内外で活躍した特筆すべき音楽家である。彼らはウィーン出身で、兄のオットーはヴァイオリン、弟のヴァルターはチェロを弾いた。オットーは前出「シューベルトの夜」で指揮も務めている。

オットーはナチス政権誕生後の一九三四年にヨーロッパを離れ、シンガポールを経て上海にやって来た。ライシャムシアターの斜め向かいに楽器店を開き、楽譜を豊富にそろえて上海在住の音楽家に重宝されたという。オットーは夜は最高級ナイトクラブ「ファーレンス」のバンドマスターを務め、他店が六人程度の編成だったのに対し、一七人ものメンバーを率いていた。

第４章で登場した日本人ダンサーの山田妙子は、虹口の「ブルーバード」での仕事に飽きたらず、旧友の紹介でアメリカ人ハロルド・ミルズ（ジャーナリストで、上海ナイトライフの通人でもあった）にマネージャーを引き受けてもらい、租界のナイトクラブへの進出を図った。時節柄日本人であることを隠し、国籍不明のエキゾチックなダンサー「マヌエラ」としてデビューしたのである。ミルズの手腕もあって、マヌエラは次第に格の高い店へと進出を果たし、ついに「ファーレンス」の門をくぐる日が来た。マヌエラとバンドマスター、オットー・ヨアヒムとの出会いはこのように書かれている。

……世が世なら、とても私の踊りの伴奏なんかをするような人ではないこともわかっていた。（中略）その彼のバンドで踊れることはとても楽しみだったし、緊張も覚えた。

衣装に着替えてフロアに出て行くと、「タブー」の音合わせが始まった。ヨアヒムは演奏には加わらず、客席のほうから私の踊りを眺めていた。

〈やっぱり、私なんかの踊りの伴奏はできないっていうことかしら？〉

東京で踊っていた頃、バンドが添え物のように演奏するのは嫌だとばかりに、一所懸命演奏してくれなかった苦い経験を思い出した。（中略）

「ミス・マヌエラ。ひとつ提案させてもらっていいかな？」

私は踊りのことを言われるのかと、戦慄が走る思いだった。いくら有名な人でも、私は私なりの踊りを踊っているんだ、というプライドがあった。ちょっと身構え、ムッとして答えた。

「どうぞ」

「楽譜にはないことなんで、あなたの許可を取りたいのだが……踊りのクライマックスのところで、バンド全員で、リズムに合わせてタムタムを叩いて〝ウン〟とか〝オー〟とか、土着民のようなかけ声をかけてもいいかな？　その方が踊りの雰囲気が出ると思うんだが……」

私の踊りに対する注文ではなかったので拍子抜けしながらも、

「お好きなようにやっていただいて結構です」

と答えた。そして、今度は彼も演奏に加わってやってみたら、これがもう、もの凄く気持ちがいい！　本番が楽しみになった。

（『上海ラプソディー　伝説の舞姫マヌエラ自伝』）

オットー・ヨアヒムは、妙子が初めて心から信頼した伴奏者であった。上海の音楽家たちが、クラシックもジャズも分け隔てなく、それぞれの楽器ですばらしい表現をすることに、妙子は次第に気づくようになる。その驚きを語る妙子に対し、オットーは「僕たちはプロだよ」と言い切ったという。「僕たちは踊りのショウがあるとわかっていて、ナイト・クラブと契約を結んでいるんだよ。踊りの伴奏だからって手抜きはしないよ」。妙子はオットーをはじめとする上海の音楽家たちの気概を、戦後になって懐かしく得難いものとして回想するのだった。

マヌエラとして売り出す前に、ダンスのレッスンをしてくれたジャスタス・パスコーラも、虹口に住むユダヤ人であった。彼はかつてパリの「ムーラン・ルージュ」で、女形のダンサーとして人気を博した人物であったという。またマヌエラの衣装を作ってくれたのは、南京路の洋服店「オールド・ボンド・ストリート」のオーナーデザイナー、エルビン・レスチーナだった。レスチーナは、ドイツにいた頃はマレーネ・ディートリッヒなど多くの女優の私服をデザインしたというユダヤ人だった。マヌエラの成功を陰で支えたのは、いずれもユダヤ人だったのである。

音楽界への貢献

オットー・ヨアヒムの弟、ヴァルターは、かつてケルン室内管弦楽団の首席チェリストを務めたこともあるという腕前だった。上海に来てからは「ファーレンス」と並ぶ高級ナイトクラブ「D. D's《ディディーズ》」で弾いていたが、ある時店に来ていた工部局交響楽団のコンサートマスター、アリーゴ・フォアの目にとまり、オーケストラに入団することになった。団員は工部局の正規の職員であるから、難民にとっては願ってもないポストである。

フォアは、工部局交響楽団の指揮者マリオ・パーチにスカウトされ、一九二一年にイタリアからやってきたヴァイオリニストである。のちの研究によれば、彼もまたユダヤ人の血筋であり、二四年にイタリア人女性と結婚した時は、西摩路（現在の陝西《せんせい》北路）のオヘル・ラヘル・シナゴーグで式を挙げたという。フォアはパーチ引退後の一九四二年六月から、日本軍管轄下の上海交響楽団で指揮者を務めた。イタリアが降伏した一九四三年九月以降の一時期、その名は楽団のプログラムから消えているが、四四年五月からはまた復帰している。国籍・人種の如何にかかわらず、フォアの実力が必要とされていたということだろう。

フォアのはからいがあったのか、ユダヤ難民の中でオーケストラに入団した者は、ヴァルターを含め一〇名前後いたという。ヴィオラを担当したヴォルフガング・フレンケルや、フォアの跡を継いでコンサートマスターを務めたフェルディナンド・アドラーなどである。アドラーはウィーン・フィルで第一ヴァイオリンを弾いていた人物で、その音色の美しさは、当時演奏を聴いた日本人にも記憶されている。彼らのおかげでオーケストラの演奏水準は向上し、戦争中にもかかわらず、以前に勝るとも劣らぬ活動をすることができた。

ほかにも、かつてベルリン王立歌劇場でコンサートマスターを務め、シュナーベル・トリオでヴァイオリンを弾いていたアルフレッド・ヴィッテンベルクなど、世界的レベルのユダヤ人演奏家が上海で暮らしていた。ヴィッテンベルクは戦後もとどまって上海音楽学院で多くの学生を育て、一九五二年にこの地で没した。

ヨーロッパでのキャリアを絶たれ、上海での難民生活を強いられたことは、音楽家たちにとって過酷な体験だったろう。しかしオーケストラの演奏や教育活動を通じて、その音色は上海の人々に確かに届いていた。特に中国人や日本人など、西洋クラシック音楽の土壌がまだ浅い国の人々にとって、本場の演奏が与えた影響は少なくなかった。

一九三〇年代半ば以降、日本にもピアニストのレオニード・クロイツァーや、指揮者のヨゼフ・ローゼンシュトックなど、著名なユダヤ人音楽家が亡命した。彼らは東京音楽学校で教えたり、新交響楽団を指揮したりして、日本の楽壇の活性化に大きく貢献した。ユダヤ人音楽家は太平洋戦争末期の一九四四年以降、舞台から追われ、軽井沢などの指定地域に隔離されたが、それは他の外国人に対するのと同様の措置であった。日本国内では、同盟国ドイツによる圧力は常に存在していたものの、ユダヤ人であることを理由とした差別はほとんどなかったとされる。特に音楽界の人々はユダヤ人音楽家の実力を認め、その指導力を必要としていた。物資の欠乏などを耐え抜いたユダヤ人音楽家たちは、戦後まもなく演奏・教育活動を再開することができた。

虹口の隣人

ユダヤ難民が上海で暮らしたのは租界末期の一〇年足らずで、虹口に集中していたこともあり、租界の外国人たちにその実態がよく知られていたとは言えない。上海には少数ながらナチス支持のドイツ人もおり、欧米人全般に根強い偏見もあったため、ユダヤ人には欧米人との付き合いを避ける傾向があった。

同じユダヤ人の中でも、早くから上海に生活の基盤を置き、商売で成功していた人々と、ナチスに追われてやって来た難民とでは、意識も大きく異なっていた。難民にとって上海は中継地点に過ぎず、いつか「もっと良い場所」へ行くことを夢見ていた。虹口の長屋暮らししか知らず、南京路の歓楽とも縁遠い彼らがそう思うのも無理はなかった。ユダヤ難民は、虹口の古ぼけた映画館でアメリカ映画を見てはあこがれを募らせ、店先のコカ・コーラの看板すら好ましく思った。かつてロシア難民は上海を第二の故郷と思い定め、街の一員になろうと努力したが、ユダヤ難民の意識はそれとはだいぶ異なっていたのである。

日本人は欧米人とは違って、祖国を追われたユダヤ人に同情的な面があった。一九四〇年にリトアニア・カウナス駐在の領事代理、杉原《すぎはら》千畝《ちうね》が、外務省の訓令に逆らってまで日本の通過ビザを大量発行し、数千人に及ぶユダヤ人を救ったことはよく知られている。こうして命からがらたどり着いた日本を経由して、上海にやって来たユダヤ人もいた。

虹口の「土着派」のような一般庶民は、日頃外国人との交流が乏しく、同じ白人の顔を民族で区別することは難しかった。当時日本国内では、観念的な反ユダヤ言説も一部に流布していたが、虹口でユダヤ人と隣り合って暮らす多くの日本人は、着の身着のままでやって来た難民に同情を寄せ、商売の手腕に対する素直な驚きを表したのである。

ユダヤ人の側も、虹口では日本人とうまくやる方が得策であることを悟っていた。ユダヤ人のカフェやレストランが次々にでき始めた頃、店を訪れた日本人客は決まって歓迎された。

日本語の看板を掲げるユダヤ人商店

日本人が二、三人入れば、たちまち軍艦マーチをはじめ当時の軍歌、うわ手をいくのは、東京六大学の応援歌の演奏で迎えてくれる。あるいは、バンドで、ヴァイオリン、ピアノの独奏で、時にはアコーディオンの陽気な音色で。私は、この時期のユダヤ人街においてくらい歓迎された日本人はないと思う。

（辻久一『中華電影史話』）

しかしこの「歓迎」が単なる親愛の情ではなく、虹口の支配者たる日本人への「愛想」であることも、良識ある日本人にはわかっていた。ドイツの同盟国である日本が、ナチスの反ユダヤ政策に追随するかどうかで、彼らの運命は大きく異なったからである。

一九四一年八月より、虹口では中国人住民の相互監視システムである「保甲」制度が導入されたが、太平洋戦争開戦後の四二年一〇月からは、ユダヤ人にも適用されることになった。これに基づいてユダヤ人たちは自警団（「外人保甲自警団」）を組織し、指定地区に隔離されてからは、日本軍の監督のもと地区の見回りを続けた。上海の指定地区は、制限があったにせよ出入りすることは可能で、外部から襲撃を加えられたりすることもなく、ユダヤ人は比較的安全に暮らすことができた。地区の線引き以前から居住していた中国人も、依然として住み続けていた。この点で、上海の指定地区がヨーロッパ各地のゲットーとは異なり、宗教的・文化的な意味合いがほとんどなかったことがわかる。上海のユダヤ人は、日本軍の戦時体制に組み入れられることによって、ヨーロッパでは得られなかった生命の安全を手にしたのだった。

新たな旅立ち

一九四五年八月、ユダヤ人たちは、広島と長崎に落とされた新型爆弾の噂で持ちきりだった。自暴自棄となった日本軍が、ユダヤ難民をガス室に送るかもしれないという恐ろしい噂もあった。八月一〇日未明、日本がポツダム宣言を受諾したというニュースが、アメリカFENやロンドンBBCのラジオ放送を通じて上海の外国人に知れ渡った。真夜中、指定地区の人々は寝間着姿のまま街頭に走り出し、ユダヤ人と中国人の区別なく肩をたたき、握手して喜びを分かち合った。

『上海日記』の少女は、長屋の隣人たちが集まって「ゴッド・ブレス・アメリカ」を歌い、隠し持っていたアメリカの旗を打ち振るのを見た。また、かつて「ユダヤの王」を自称していた日本軍人の合屋が、若者たちに殴られるのを見た。

彼の「親しく付き合おうとしただけだ」という抗議は無視された。服はぐちゃぐちゃになり、顔はあざだらけになった。彼は注意の姿勢で立ち、片手で軍隊式に敬礼をしながら、悲しげに「ソーリー、ソーリー」と詫びを言っていた。権力が失われるとどうなるのかを、敗北し、傲慢さが泥の中に落ちるとどうなるのかを、わたしは初めて見た。奇妙なことに、わたしは彼のことを気の毒に思った。

（ウルスラ・ベーコン『ナチスから逃れたユダヤ人少女の上海日記』）

やがてバンドの建築群に掲げられていた旭日旗は下ろされ、代わりにアメリカとイギリスの旗が翻った。再び上海にやってきたアメリカ軍や国連の施設で、多くのユダヤ人が職を得た。少女も働きながら英語の勉強をし、アメリカ人の生活習慣を身に付けた。

苦楽を共にした隣家の青年と結婚し、夢に見たアメリカ行きが実現したのは、終戦からさらに二年後のことである。上海の港に降り立った時一〇歳だった少女は、一八歳の娘になっていた。

第6章　中国人の意志

1　「共存共栄」の行方

繁栄の条件

本書のこれまでの各章はそれぞれ、外国人が船に乗って、黄浦江から上海に近づいていくところから始まった。租界時代の上海の「表玄関」はバンドであり、人々は必ずここから上海での生活の第一歩を踏み出したからである。すると当然、本章は他の章とは出だしが違ってくる。なぜなら中国人は、最初から上海の地にいたからである。

一八四三年一一月、イギリスの初代領事バルフォアの一行が上海にやって来た時、中国人たちはまだ事の重大性をあまり理解していなかった。領土の中に初めて外国人の居留地を作るという段になっても、清朝の宮廷は交渉一切を上海の地方官に任せただけだった。上海の役人たちは、城壁に囲まれた県城を守っていれば問題ないと考え、城壁の外の泥地をイギリス人に与える。それは伝統的な中華思想の観念において、清朝皇帝の徳を慕ってくる外国人に施す「恩恵」に過ぎなかった。

租界の設置は、一面では中国人の生活領域から外国人を隔離する措置と考えられていた。中国人は城内や、城外南側の市街（南市）、黄浦江の船着き場（十六舗）などで従来どおりの暮らしを営んでおり、外国人との接触は少なかった。ところが一八五三年、反清武装勢力「小刀会」による県城占拠事件が起こり、中国人は安全を求めて租界の中へ逃げ込む。こうした現実の要請から「華洋雑居」が認められるようになり、中国人は租界の正式な住人となった。住人であれば、中国人といえども土地税や家屋税を払わなければならない。その代わりに今度は、中国人が外国人による都市の近代化の「恩恵」を受けるようになった。

ところで上海の一般の中国人は、開港以来、顔かたちも異なる外国人がやって来ては住み着いていくのを、どのように見ていたのだろうか。

イギリス租界が設置される以前、バルフォアの一行は城内の姚《よう》という広東商人の屋敷に仮の領事館を置いていた。ある時、バルフォアはふと異様な気配を感じ取った。彼の一挙一動は外から来た中国人たちに見物されており、なんと主人の姚が見物料まで徴収していたことがわかったのである。バルフォアは憤然として見物人を追い払い、ほかに家を借りて住むことにした。彼が租界設置の交渉を加速させたことは言うまでもない。このエピソードからは、中国人の外国人に対する好奇の視線や、商魂のたくましさをうかがうことができる。

宋の南遷以来水運の要地として発展していた上海には、進取の気性に富み、商売のすぐれた手腕を持つ人々がすでに存在していた。彼らは清朝の官僚とは異なり、中華思想に凝り固まって外国人を遠ざけることはなかったし、儒教道徳に縛られて金勘定を卑しいものとも考えなかった。外国人の到来は、清末の政治・外交には一つの危機であったが、経済的には飛躍の契機となったのである。

本書の外国人を扱った章の中に、しばしば中国人の姿が見え隠れすることに、読者はもう気づいているだろう。外国人の暮らしは、あたかも彼らのコミュニティの中で完結しているように見えるが、実際には中国人の存在はなくてはならないものだった。ビジネスの協力者として、労働力として、そして外国人が提供する商品やサービスの市場としてである。つまり歴史的に見て、上海租界一〇〇年の繁栄は、外国人と中国人のいずれが欠けても成り立たなかったと言える。一時代前の中国の歴史書では、上海の外国人はまるで余計な闖入者のように書かれているが、それは過小評価というものだろう。また一方で、外国の資本や技術力のみで上海が発展したかのような見方も的外れである。

本章では、これまで「見え隠れ」してきた中国人の姿に焦点を当て、中国人を主体として租界との関わりを描いていく。そして、中国人と外国人の関係についてまとめながら、最終的に上海租界が、中国人の手によってどのように収拾されたのかを見ていくことにする。

買弁という人々

設立初期の租界において、外国人と最も密接な付き合いを持っていたのは買弁であった。買弁は、言葉や現地の事情に疎い外国人の代わりに、茶や生糸を買い付ける仕事を請け負い、手数料を得ていた商人のことである。

初期の買弁の多くは広東の出身で、上海開港以前に広州で同様の仕事をしていた人々がほとんどだった。彼らはいわばフリーの立場で、仕事があればどの外国商人とも手を組んだが、一八六〇年代頃からは固定的な関係に変わり、もっぱら特定の外国商人とともに仕事をするようになった。そこでは信用が重視されたため、多くの場合はすでに働いている買弁を頼って、家族・親戚や同郷の人々が集まった。

数多い買弁の中でも大物として知られるのが、デント商会の買弁、徐潤《じょじゅん》（一八三八〜一九一一）である。デント商会は、ジャーディン・マセソン商会などと並び、上海の最も古い洋行（貿易商社）の一つだった。徐潤は広東省香山県出身で、デント商会最初の買弁であった叔父を頼り、一四歳の時に上海にやって来た。見習いから始めて約一〇年後には、上海をはじめ九ヵ所の都市に展開するデント商会の「総買弁」に就任し、商会の繁栄とともに、仲介手数料として莫大な収入を得るようになる。彼は他の買弁と同様、蓄えた金を元手に自らの商売を起こし、まず茶荘（茶葉の買い付けから加工、販売までを広く手がけた）の経営で成功を収めた。さらに、近代化を目指す清朝が、一八七三年に官立企業として起こした輪船招商局（中国初の近代的汽船運輸会社）の経営にも参加し、官界とも関係を深めた。

　買弁はもともと、同胞から外国の手先のように見られることがあり、社会的地位はけっして高くなかった。しかし徐潤のように成功した買弁は、西洋式の豪邸に住み、息子を欧米に留学させ、官立企業を通じて上海の政財界に大きな影響力を持った。

買弁たちと西洋人

　買弁の中には、外国商人とともに働くうちに、民族的な意識に目覚め、外国企業による支配に対抗しようとした者もいる。たとえば虞《ぐ》洽卿《こうけい》（一八六七～一九四五）は、ドイツ系商社の買弁から始めて、荷蘭《オランダ》商業銀行上海支店の買弁を長く務めた人物である。彼は勤続二五年の際、オランダ国王から勲章をもらったほどだった。しかし一方では、外国企業の独占的支配に反撥し、自ら企業を興して同胞の利益を図る愛国的な面も持っていた。彼は故郷の寧波《ニンポー》と上海をつなぐ航路が外国の汽船会社に独占され、高額の運賃が設定されているのを不満とし、同郷の中国人たちと新たな会社を設立した。その後第一次世界大戦で外国企業が撤退した時期には、イギリス企業を買収するなどし、長江航路や沿海航路に進出して急成長した。

各地からの移民で構成された上海社会で、寧波人は実業界の最大勢力だった。虞洽卿は寧波人の同郷組織を束ねただけでなく、一九二四年には上海の民族資本家の統一組織である上海総商会の会長に就任した。この地位をもって、彼は翌年の五・三〇運動で租界当局との交渉にあたり、中国人の地位と権利を一歩一歩獲得していくのである。

外国人との対立

アヘン戦争の結果開港した上海において、外国人はさまざまな特権を持つ強い存在であり、中国人は相対的に弱い存在であった。外国人は商業上の利益から中国に目をつけたに過ぎず、その文化や社会に対しては理解が浅かったし、非キリスト教徒である人々を未開で野蛮であると感じていた。こうした意識は二〇世紀に入ってなお外国人の間に根強く、とりわけ肉体労働者に対しては、ほとんど「人間以下」の扱いしかしなかった。

第1章でも紹介したイギリスの作家サマセット・モームは、有名会社の副社長を務めているイギリス人が、道を間違えそうになった人力車夫を大声で罵り、後ろから尻を「景気よく蹴とばした」のを見逃さなかった。しかも彼はこう言い放ったのである。「中国人なんかに思いやりを掛けちゃいかんのだよ。いいかい、おれたちがここにいるのは、やつらから恐れられているからこそだぜ。おれたちは支配者なんだ」「中国人はこれまでいつも主人に服従して来たし、これからもそうだろうよ」。

下層の中国人は長年にわたり、外国人とのこのような関係に慣らされてきた。なんと言っても外国人は金を払ってくれる雇い主であり、その日暮らしの労働者にしてみれば、あえて機嫌を損ねたくはなかったのである。また貧しい者にとっては、金を払ってくれさえすれば、それが外国人であろうと中国人であろうと変わりはなかったかもしれない。

しかし上海の地に外国人がやって来たことで、中国人との衝突が起こらなかったわけではない。最も有名な事件として、一八七四年と一八九八年の二度にわたって起こった四《し》明《めい》公《こう》所《しょ》事件がある。四明公所とは、上海在住の寧波出身者のための同郷会館で、県城の外側西北の位置にあった。中国では伝統的に同郷のつながりを大切にし、先に成功を収めた者が後から来た者の便宜を図り、就職の斡旋や衣食住、冠婚葬祭の面倒まで見るのが一般的である。出身地によってグループが形成され、それを広東幇《バン》、寧波幇（幇はグループ、結社の意）などと呼ぶが、その集会所となるのが「公所」や「会館」という建物であ

中国人の人力車夫とインド人の警官

った。

寧波幇は、前述の虞洽卿がその一人であったように、開港後の上海における実業界の一大派閥であったが、その集会所である四明公所（創設は一七九七年）がフランス租界の領域に入ってしまったことから軋轢《あつれき》が生じた。四明公所には、故郷に棺を送ることのできない貧しい寧波人のための墓地があったが、そこを通過する形で道路が建設されることになり、寧波人らが抗議してフランス租界側と衝突し、フランス軍兵士が発砲して多数の死傷者を出したのである。

租界の設置や拡張、道路建設などは、そもそも外国人の都合で行なわれたものであり、祭《さい》祀《し》など中国人の伝統観念に対する配慮はほとんどなかったといってよい。二度にわたる流血事件を経て、四明公所の土地所有権は認められたものの、結局道路の建設は行なわれることになり、墓地に埋葬した棺を改めて故郷に送らなければならなかった。

会審公廨事件と米貨排斥運動

一九世紀末以来、租界の繁栄は中国人労働者層など多くの人々を惹きつけ、人口の増加をもたらした。租界内に居住する中国人はすべて土地税や家屋税を徴収された上に、人力車や小車（手押しの一輪車）、肥汲み車などを使って商売をするには鑑札税を払わなければならなかった。街の規模が拡大するにつれ、租界当局は増税を図ったが、暮らしを圧迫された車夫

会審公廨

らはしばしば抗議行動を起こした。
最も大きな問題は、外国人の五〇倍もの人口を占める中国人が、納税しているにもかかわらず、参政権を持たなかったことである。工部局参事会は常に外国人だけで構成され、中国人はあらかじめ排除されていた。二〇世紀に入ってようやく、力を持ち始めた資本家や知識層によって、租界行政への参加を求める運動が繰り広げられるようになった。
その嚆矢《こうし》となったのは、一九〇五年一二月に起きた会審《かいしん》公廨《こうかい》（会審衙門《がもん》）事件である。会審公廨とは、一八六八年に設立された、主に租界内の中国人同士の刑事事件・民事事件を扱う裁判所である。租界の外国人は領事裁判権によってそれぞれの国の法律で裁かれるので、会審公廨は中国人を中国の法律で裁き、外国の法律から守る役割があった。ところが、ある広東人官僚の未亡人が誘拐犯の嫌疑で共同租界警察に逮捕された時、イギリス人の陪審官が介入し、女性を会審公廨内の留置場でなく、共同租界の外国人用の留置場に収容した。これが中国の司法権を侵害し、広東人を侮辱するものとして、広東出身者の同郷団体などの強い反撥を招き、商店のストライキや、警察署の襲撃などに発展した。

この事件は、同じ年に起こった米貨排斥運動（アメリカの中国人移民排斥に反対する運動）とともに、中国人紳商・知識層の覚醒を示すものだった。人々が叫んだスローガンの中には、ストライキだけでなく、税金の不払いや、中国人の「租界総退去」が含まれており、租界の繁栄に中国人が欠かせない存在であることを、中国人自身が意識し始めたことがわかる。日々の暮らしを維持することが第一だった労働者層を巻き込む形で、政治運動が拡大していくのは、知識層によって運動に理論的な裏付けが与えられたからである。一九世紀末から二〇世紀初めにかけて、中国では大規模な日本留学ブームが起こっていた。小国と侮っていた日本に日清戦争で敗れたことで、近代化の必要性を痛感した官僚・知識層が、次々に日本に留学し始めたのである。日露戦争後の一九〇六年はそのピークにあたり、留学生の数は一万人近くに達した。日本はヨーロッパよりも近く、費用も安く、同じ漢字を用いる「同文同種」の国である。清とロシアに相次いで勝利した日本に学べば、アジアの実状に即した近代化の秘訣《ひけつ》がわかり、より効率的であると彼らは考えたのだった。

上海の港は、そうした留学生を送り出し、また迎え入れる場所でもあった。一九〇二年には魯迅が、一九〇八年には蔣介石が日本に渡った。魯迅は医学と文学、蔣介石は軍事と、日本で学んだものはかけ離れているように見えるが、その目的はいずれも「救国」だった。外国の植民地になりかけた祖国の未来に、強い危機感を抱いていたのである。

ひとたび外国に出た人間は、祖国の姿をより客観的に見ることができる。中国の主権が脅かされていること、特に租界という場所において、中国人の権利が無視されていることは、留学帰りの知識人らが声を大にして主張したことであった。それは上海の代表的な中国語新聞『申報』などのメディアを通して、一般の人々にも広がっていった。

「犬と中国人」

上海租界における中国人蔑視の象徴として、よく引き合いに出されるのが、パブリックガーデンの入園禁止規定である。パブリックガーデンは一八六八年、外国人の憩いの場としてバンドの北端に作られ、以後一〇年ほどの間は、身なりがよい上層の中国人ならば入園が認められていた。バンドは港湾労働者が多く行き来する場所であるため、公園の芝生やベンチで労働者が昼寝をしたりすることがないよう、警戒されていた。

一八八一年四月、聖ジョンズ書院（聖ジョンズ大学の前身）の教員やジャーディン・マセソン商会の買弁からなる一行が入園しようとしたところ拒否され、問題が持ち上がった。彼らは工部局に質問状を提出し、工部局が中国人には入園の権利がないと答えたことから、中国人社会の大きな反撥を招いた。『申報』は、公園の維持費が税金から出されており、中国人も納税している以上、当然入園の権利があるとの評論を掲載し、「それでこそ『パブリック』の名にふさわしいはずだ」と主張した。

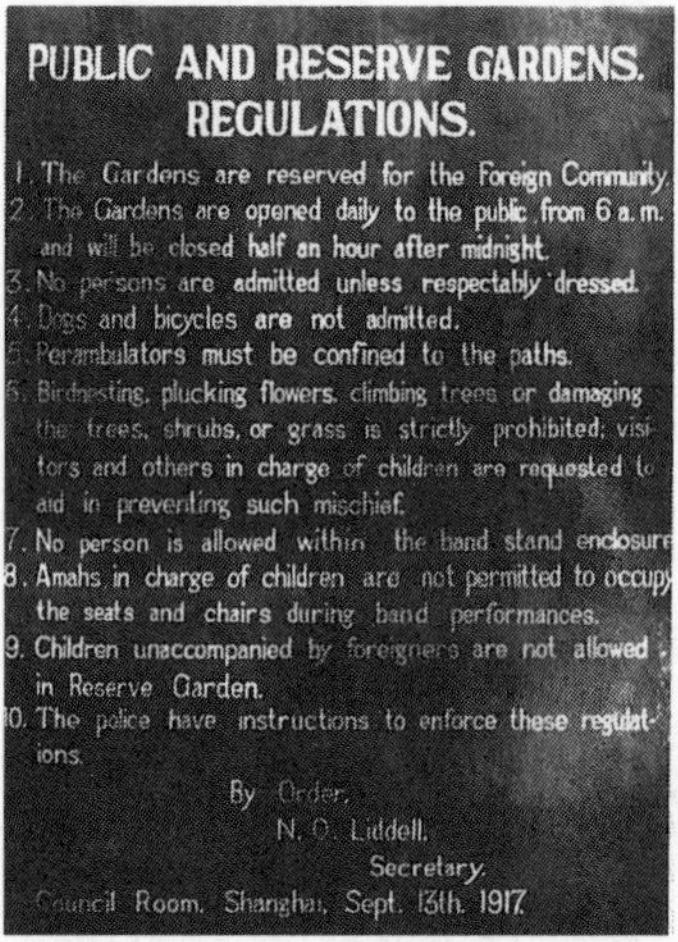
PUBLIC AND RESERVE GARDENS.
REGULATIONS.
1. The Gardens are reserved for the Foreign Community.
2. The Gardens are opened daily to the public from 6 a.m. and will be closed half an hour after midnight.
3. No persons are admitted unless respectably dressed.
4. Dogs and bicycles are not admitted.
5. Perambulators must be confined to the paths.
6. Birdnesting, plucking flowers, climbing trees or damaging the trees, shrubs, or grass is strictly prohibited; visitors and others in charge of children are requested to aid in preventing such mischief.
7. No person is allowed within the band stand enclosure.
8. Amahs in charge of children are not permitted to occupy the seats and chairs during band performances.
9. Children unaccompanied by foreigners are not allowed in Reserve Garden.
10. The police have instructions to enforce these regulations.
By Order,
N. O. Liddell,
Secretary.
Council Room, Shanghai, Sept. 13th. 1917.
パブリックガーデンの規則（1917年に改訂・掲示されたもの）

一八八五年、くだんの教員や著名な紳商らが再び連名で抗議文を送り、不平等な待遇を取り消すよう求めた。彼らは、日本人や朝鮮人の入園が許されている事実を指摘し、中国人だけが入園できないのは明らかな人種差別であると訴えた。清朝の地方官である上海道台からも、イギリス総領事に申し入れがあり、これらの動きを受けて、工部局は中国人用の遊覧パスを発行することを決定した。しかし申請の手続きが複雑である上に、パスの有効期限はたった一週間だったので、発行枚数は最も多い年でも一八三枚にとどまった。その後一八九〇年に、工部局は蘇州河の南に土地を整備し、中国人のための新しい公園（華人公園）を作ったので、中国人があえてパブリックガーデンに行くことはなくなった。

一八九四年、工部局はあらためてパブリックガーデン入園に関する規定を定め、以後公園入り口には英文の看板が掲げられた。これについては日本でも、「犬と中国人は入るべからず」という文句で喧伝《けんでん》されたが、実際の条文は以下のとおりであった。

一、自転車と犬は入ってはならない。
二、乳母車は遊歩道を押して通ること。
三、花を摘んだり、鳥の巣を荒らしたり、草花・樹木に損害を与えることを禁じる。子供をつれた保護者や女中はとりわけこの点に注意すること。
四、音楽堂［パブリックバンド専用の舞台＝引用者注］に入ってはならない。
五、西洋人に雇われた使用人以外の中国人は、すべて入ってはならない。
六、子供は西洋人に伴われていなければ入ってはならない。

同様の看板は、工部局が管轄するその他の公園や競馬場にも掲げられ、条文の冒頭には必ず「ここは外国人のための場所である」と書いてあった。外国人に雇われた中国人のみが入園を許されるというのは、中国の知識層にはとりわけ屈辱的に感じられた。以後その不当性を訴えるために、わざと「犬」と「中国人」をひとまとめにし、「犬と中国人は入るべからず」という象徴的な表現を作ったのである。

租界における中国人の権利問題が、さらに多くの人々に注目されるようになるのは、辛亥革命後、一九一九年の五四《ごし》運動を経てのことである。国家の主権、民族の独立という観念が広まると、「租界回収」が叫ばれるようになるのは自然の成り行きであった。

クーデターの舞台

一九一一年に起きた辛亥革命によって、中国史上初の共和制国家である中華民国が誕生し、孫文が臨時大総統の地位に就いた。しかし国内には軍閥（自前の軍隊を持つ地方の領袖《りょうしゅう》）が割拠しており、軍事力を持たない孫文は統一政権を維持することができなかった。そこで登場したのが軍人蔣介石である。

蔣介石（一八八七〜一九七五）は浙江《せっこう》省奉化《ほうか》県の商家に生まれ、日本留学中に新潟県高田で日本陸軍に入隊、士官候補生としての訓練を受けた。東京で中国同盟会に参加した彼は、辛亥革命勃発を受けて帰国し、孫文の忠実な部下として働く。一九二四年には孫文の命により黄埔軍官学校（黄埔は広州市郊外の地名）の校長に就任し、のちに彼の手兵となる人材を育てた。孫文死後の一九二六年七月、蔣介石は国民革命軍総司令となり、全国統一を目指して北伐（北方の軍閥を打倒すること）を開始する。

広州から進軍した国民革命軍の行く手では、高揚した民衆によって排外運動が高まり、これを受けてイギリスは、漢口と九江のイギリス租界の返還に合意した。上海の外国人たちは、一九二五年の五・三〇運動で、中国人の激しい憎悪を目の当たりにしていたこともあり、今度こそは租界の未来が危ういものと感じていた。イギリスが二万の上海防衛軍を派遣しただけでなく、アメリカ、フランス、日本、イタリア、スペイン、ポルトガルからも計四万の軍隊が派遣された。黄浦江上を軍艦が埋め尽くし、租界の周囲には鉄条網がはりめぐらされ、上海は戦争のような緊迫した空気に包まれた。

当時上海の労働運動を指導していたのは中国共産党である。一九二一年に上海で誕生した中国共産党は、孫文が主導した「国共合作」の方針により、中国国民党と一体となって活動していた。共産党は労働者や学生を指導し、国民革命軍が到着する前に、数次にわたる武装暴動を起こした。一九二七年三月二一日には、ついに華界（中国人居住地域）の実権を当地の軍閥孫伝芳《そんでんぽう》から奪取し、市民の自治組織である「上海臨時特別市政府」を樹立したのである。

ところが、蔣介石はもともと、ソ連と関係の深い共産党に根強い不信感を持っていた。また上海の資本家たちも、過激化する労働運動によって、これまで築き上げてきた資産や社会的地位が脅かされるのを恐れた。共産党の影響力を排除するという点で両者の利害は一致し、一転して労働運動の弾圧が行なわれたのである。これを日付にちなんで「四・一二クーデター」と呼ぶ。

蔣介石の意向を支えたのは、前出の虞洽卿ら浙江財閥（浙江省出身の企業家グループ）の資金力と、裏社会のボスである杜月笙《とげつしょう》の実行力だった。杜月笙は「青幇《チンパン》」のボスで、アヘン売買や賭博場の経営で巨利を得、数万人にもおよぶ配下を抱えていた。青幇はもともと水上輸送労働者らの秘密結社だったが、一九世紀末以降の上海で都市型のマフィアに変貌し、疑似家族的な人間関係によって底辺の人々を吸収していたのである。

一九二七年四月一二日未明、「工」の腕章をつけた無頼漢約一万人余りが、共産党の指導者や労働者のリーダーを次々に襲い、処刑した。男らは「中華共進会」のメンバーを名乗っていたが、その実すべて青幇の構成員だったのである。杜月笙ら青幇の指導者は、クーデター成功の功績により、南京陸海空軍少将参議に任ぜられ、日の当たる社会に進出していく足がかりを作った。

結局国民党と共産党の対立により、上海租界は中国側に返還されるには至らず、外国人たちはほっとひと息つくことができた。蔣介石は北伐を完成し、一九二八年一〇月、南京国民政府主席に就任したが、上海租界はそのまま温存され、彼の政治活動を支える「金庫」の役割を果たし続けたのである。

2　「大上海」に生きる

一九三〇年代、繁栄の絶頂にあった上海を、中国人は「大上海」と呼んだ。この「大〇〇」という用法は、他の都市には当てはまらず、上海に限った言い方である（ほかに、ネオンまたたく街を言う「夜上海」という言葉もあるが、これも同様である）。往時の上海が、広い中国の中でも飛び抜けた大都会であり、中国人にとって特別な場所であったことを示している。

上海には、他の都市にはないものがあった。多くの人々が上海を目指し、長く足をとどめたのはそのためである。それでは上海は、どのような人々に、どのようなチャンスを与えたのか。それを具体的に知るために、本節では繁栄期の上海に生きた二人の人物を取り上げる。

一人は宋美齢《そうびれい》（ソン・メイリン、一八九七〜二〇〇三）。上海有数の富豪、宋家の末娘として生まれ、アメリカ留学を経て蔣介石と結婚し、中華民国のファーストレディとなった。もう一人は聶耳《じょうじ》（ニエ・アル、一九一二〜三五）。雲南《うんなん》省昆明《こんめい》から上海にやってきて、貧しい下積み生活を送りながら、左翼音楽家として頭角を現した。現在の中国国歌「義勇軍行進曲」の作曲者である。

二人はそれぞれ異なる意味合いにおいて、中国のシンボルと言うにふさわしいが、たどった道のりや職業・階層があまりにかけ離れているため、並べて取り上げられることはまずない。しかし、二人の生き方を比べてみた時に、全く異なる人生であるにもかかわらず、同じ上海という街に強く結びつけられ、同じ時代の精神を共有していることに驚かされるだろう。

上海を訪れる外国人を圧倒した、街のすさまじい喧噪やエネルギーの中には、このような中国人一人ひとりの「物語」があったのである。

I　宋美齢——戦うファーストレディ

「アメリカ娘」の帰郷

宋美齢が一〇年におよぶアメリカ留学を終えて故郷上海に帰って来たのは、一九一七年のことだった。富裕な企業家、宋耀如《ようじょ》の三女として生まれた彼女は、他の五人のきょうだいが皆そうであったように、アメリカに送られて教育を受けたのである。

海南島出身の華僑だった宋耀如は、キリスト教会の支援を得てアメリカの大学で神学を学んだ。伝道の使命に燃えて帰国した宋耀如だったが、上海のキリスト教会は中国人牧師を厳しく差別していた。彼が所属したメソジスト派の教会では、中国人牧師は裏口からしか出入りを許されなかったのである。そんな現実の中で伝道の情熱は次第に薄れ、宋耀如はビジネスに関心を持つようになっていった。製粉・製麺工場への投資などを経て、彼は聖書の印刷・出版で成功を収めた。時はちょうど一九世紀末、上海の人口が拡大し、商工業が飛躍的な発展を遂げた頃である。

宋耀如は同じメソジスト派の信徒であった倪桂珍《げいけいちん》と結婚し、三人の娘と三人の息子に恵まれた。生まれ順に言えば、靄齢《あいれい》、慶齢、子文、美齢、子良、子安である。美齢は当時上海で一番先進的な女子教育を行なっていた、ミッション系の中西女塾に学び、早くからピアノや英語を学んでいた。一九〇七年、四歳年上の姉慶齢がアメリカ留学に旅立つ時、自分はまだ一〇歳だったにもかかわらず、どうしても一緒に行くと言ってきかなかった。もの静かな姉とは対照的に、負けん気が強く、外向的な性格だったという。

翌年、慶齢は長女の靄齢がすでに在籍していたジョージア州メイコンのウェスレイアン大学に入学した。この大学は一八三六年に創立されたアメリカ初の女子大学で、厳格なキリスト教教育で知られる。当時アメリカの大学は入学年齢が比較的自由だったが、美齢はあまりに幼なすぎるとの理由で、一年間地元の学校に通い、その後大学の学生寮で姉たちと生活しながら、大学の教員に個人教授を受けた。正式に大学に入学したのは一九一二年九月のことだった。

宋慶齢（左）と孫文

美齢は静かに勉強に励んだ二人の姉とは異なり、テニスに夢中で、学内行事ではチア・リーダーまで務めた。ドレスを着、髪にリボンをつけ、流暢に英語を操る美齢は、どこから見てもアメリカ娘という感じだった。二人の姉が卒業して相次いで帰国すると、兄子文がいたボストンに移り、名門女子大学のウェルズレイ大学に入り直した。子文は上海の聖ジョンズ大学を卒業したあと、ハーヴァード大学に留学していたのである。

ウェルズレイ大学は、ヒラリー・クリントンやバーバラ・ブッシュ（ブッシュ前大統領の母）も学んだ名門で、美齢はここで英文学を学んだ。年頃になり、姉の庇護を失ったこともあってか、美齢は打って変わって物静かになり、勉強に打ち込んだという。ちょうどその頃祖国は激変しており、帰国した姉たちの身辺にも大きな変化が訪れていた。知らせを耳にした美齢の心中は、けっして穏やかではなかったはずである。

父の宋耀如は、富裕な企業家としての顔の裏に、革命家孫文の支援者という一面を持っていた。彼の印刷工場では聖書だけでなく、革命の宣伝ビラも印刷されていたのである。辛亥革命の成功から中華民国の成立、そして孫文の臨時大総統就任は、宋家を大きな喜びに包んだが、それも束の間、軍閥に地位を奪われた孫文は日本へ亡命し、宋耀如と長女の靄齢もそれに従った。靄齢は日本で財閥の御曹司孔祥熙《こうしょうき》と結婚し、それまで務めていた孫文の秘書の仕事を妹の慶齢に譲った。慶齢は革命の英雄孫文に献身的に仕え、親子ほどの年の差を乗り越えて結ばれた。一九一五年秋、孫文四九歳、慶齢二二歳だった。

前代未聞の結婚式

姉たちの結婚は、年頃の美齢に複雑な感情を抱かせた。彼女は学生時代、『アーサー王物語』を愛読し、救国の英雄や、英雄に愛される美女の物語に胸をときめかせた。美齢はいつか英雄と結ばれる自分の姿を夢見ていたのだろう。そして時代は、美齢を本当に「英雄」と巡り合わせたのだった。国民革命軍総司令、蔣介石である。

美齢の父耀如は、美齢がアメリカから帰国した翌年に亡くなっていた。父に代わり一家を取り仕切るようになった靄齢は、孫文の忠実な部下であり、すぐれた軍人である蔣介石に目を付けていた。蔣介石もまた野望に燃えた人間だった。孫文の生前は、孫文に美齢との結婚を取りもってくれるよう頼んでおり、孫文が亡くなると、今度は未亡人となった慶齢に求婚したのである。妻ばかりか何人もの愛人を持つ蔣介石を慶齢は嫌い、もちろん断わった。

蔣介石には孫文という革命の旗印と、宋家の財力が必要だった。そのためには妻と別れ、愛人を捨て、クリスチャンになることも厭わなかった。靄齢と美齢は、蔣介石の力と将来性を買い、宋家の運命を賭ける決意をしたのである。それは四・一二クーデターで蔣介石が反共の立場を鮮明にし、上海の資本家の利益を守る側に立ったのとほとんど同時期であった。

宋美齢（左）と蔣介石

亡き孫文の「連ソ・容共・労農援助」の方針を守り続ける慶齢だけが、この結婚に反対した。

一九二七年一二月一日、蔣介石と美齢は西摩路（現在の陝西北路）にある宋家の屋敷でまずキリスト教による式を挙げたあと、会場をマジェスティック・ホテル（大華飯店）に移して盛大な結婚式を行なった。広大な庭園（マクベイン・ガーデン）に豪華な建築、大舞踏会場で知られた最高級ホテルである（現存せず）。

ホールには生花が敷き詰められ、壇上正面には孫文の肖像写真、左右には国民党党旗と国旗が掲げられている。アメリカ、フランス、日本などの領事や、アメリカ太平洋艦隊司令長官、国民党の要人や軍の高級将校など、合わせて三〇〇〇人余りの来賓が詰めかけた。オーケストラの演奏が始まると、新郎新婦がそれぞれ介添え人に付き添われて入場した。美齢は銀色の旗袍《チーパオ》（チャイナドレス）に白いベール姿で、オレンジ色の生花で作った冠をかぶっている。手には薄紅のカラナデシコの花束を持っていた。

二人はまず孫文の写真の前で深々と頭を下げ、両側の旗に向かってもお辞儀をした。教育界の指導者蔡元培《さいげんばい》が立会人を務め、誓いの言葉を読み上げたあと、新郎新婦は向かい合ってお辞儀をし、来賓にも頭を下げた。再びオーケストラの演奏が始まり、アメリカ人のテノール歌手が賛美歌を独唱した。

この結婚式の様子は上海のマスコミに大々的に報じられ、世界に伝えられた。国の指導者となる人物が、衆人環視の中で結婚式を挙げたのは、中国の有史以来初めてだった。また天地や祖先への拝礼といった伝統的儀式がなく、党と国家の前で誓約を交わすという形式を取ったことや、オーケストラや賛美歌の演奏といった、西洋風の式次第も珍しかった。

この結婚式はいろいろな意味合いにおいて、一九二〇年代末の上海という独特な空間を象徴していた。中国的なものと西洋的なものが混じり合っていただけでなく、自由と因習、個人の欲望と国家のくびきが、絶妙な形で結びついていたのである。

夫と国家のために

蔣介石と美齢の結婚によって、宋家・蔣家・孔家は姻戚となった。これに蔣介石の側近である陳果夫・陳立夫兄弟の陳家を合わせて「四大家族」と呼ぶ。一九二八年一〇月、蔣介石が南京国民政府主席に就任すると、一族は政府と党の役職を身内で分け合い、中国の政治・経済に大きな影響力を揮《ふる》った。その影響力はまた、一族が富を蓄えるためにも使われた。彼らは新たな首都として建設の進む南京のほか、上海租界にもそれぞれ邸宅を持っていた。贅沢な暮らしを維持できるという点で、上海に勝る場所はなかったのである。

美齢の兄宋子文は、当時国民政府の財政部長（財務大臣）を務めていたが、妹の結婚祝いとして、フランス租界の瀟洒な洋館をプレゼントした。新婚夫婦は杭州と莫干山《ばくかんざん》（一九世紀末、イギリス人によって開発された避暑地）へのハネムーンから戻って来ると、この洋館に身を落ち着けた。赤い屋根と玉石で飾られた外壁が美しい家は、やはりフランス租界にある孫文の家（その死後も一九三七年まで宋慶齢が住んでいた。現在の孫中山故居）によく似ていた。蔣介石は後継者としての自分にふさわしいと、ことのほか喜び、この家を「愛盧」（愛の家）と呼んだ（上海音楽学院附属中学の敷地内に現存）。

蔣介石と美齢の間には愛情があったとも、なかったとも言われている。子供に恵まれなかったことも、二人の感情に影響を与えた可能性があるだろう。しかし無骨な軍人蔣介石は、美齢の明るく社交的な性格や、流暢な英語の力を、自分にはないものとして高く評価していた。そんな蔣介石が実際に美齢に「救われた」のが、一九三六年一二月に起こった西安事件だった。日本と戦うより共産党との戦いを優先していた蔣介石を、張学良《ちようがくりよう》が監禁し、内戦停止・一致抗日を迫ったのである。

張学良は東北の軍閥張作霖《さくりん》の息子で、日本軍によって父を殺され、故郷を奪われたことを深く恨んでいた。西安郊外の共産党軍と対峙する張学良の軍隊には厭戦気分が漂い、市民たちも抗日を訴えるデモを行なっていた。張学良は現状に耐えかね、司令官を監禁するという、軍人にあるまじき挙に出たのである。美齢は兄の宋子文に続き、自らも西安に飛んで、蔣介石と張学良の調停役を務めた。共産党側からは周恩来がやって来て、国共両党が再び手を携えることを呼びかけた。美齢らの尽力により、具体的な条件が整い、ついに蔣介石も内戦停止・一致抗日を受け入れた。張学良軍と、その討伐を主張する国民党軍双方の狭間にあって、美齢は蔣介石の解放を実現させ、一致抗日という大義を手に入れたのである。

勇気あるファーストレディとして、美齢の名声は世界に鳴り響き、彼女が書いた手記は『ニューヨーク・タイムズ』に写真入りで大きく掲載された。アメリカで教育を受けたクリスチャンである美齢が、身を捨てて抗日に立ち上がる姿は、アメリカ人の幅広い同情を集めた。日中戦争が始まった当初、ルーズヴェルト大統領は対中支援に消極的だったが、戦線の拡大と輿論の高まりを受けて、ついに中国の側に立つことを決意した。

一九四三年二月、美齢がアメリカ議会で支援を訴える演説をした時、アメリカ国民の興奮はピークに達した。そしてこれは、美齢のファーストレディとしての栄光の絶頂だった。

蔣介石はアメリカの莫大な援助に力を得て日中戦争に勝利したが、救援物資の横流しなどで私腹を肥やす四大家族に対し、アメリカは不信感を募らせていった。一九四六年七月に国共内戦が始まると、国民党軍は当初の優勢にもかかわらず敗退し、蔣介石は台湾への逃亡を余儀なくされた。以後美齢は、蔣介石の死後一九七五年にアメリカに渡るまで、台湾で過ごすことになる。

美齢の生まれや育ち、受けてきた教育などは、上海という土地柄と不可分であり、女性ながら政治に深く関わることができたのも、新しい女性の生き方が認められ始めた時代だったからである。彼女はまた、近代以降のアメリカと中国の関係を象徴しており、両国の外交上の戦略が交錯するところに、常に位置していたと言える。

上海の邸宅「愛廬」の広い客間で、美齢は近所に住む靄齢の子供たちと一緒に映画を見るのが好きだった。南京の屋敷でも夫と映画を見たり、クラシック音楽を聴く時間を大切にしていた。当時の使用人は、二人がアメリカ映画を好み、『風と共に去りぬ』を見ていたのを覚えているという。南北戦争の時代をたくましく生き抜くヒロインの姿に、美齢は自らを重ね合わせていたのだろうか。

宋家のきょうだいのうち、一人慶齢だけが共産党支配下の中国に残り、その後二度と家族に会うことはなかった。慶齢は全国政治協商会議副主席、国家副主席などを歴任し、共産党とそれ以外の党派・団体の結集を象徴する存在として重んじられた。北京の屋敷で過ごした晩年に、使用人や警備の兵士たちを招いて映画を鑑賞するのが、彼女のささやかな楽しみだったという。お気に入りはやはり『風と共に去りぬ』であった。物語の舞台は、三姉妹が共に青春を過ごしたのと同じ、ジョージア州であった。

II　聶耳——プロレタリアの青春

故郷脱出

聶耳が上海にやって来たのは一九三〇年七月、一八歳の時である。彼は雲南省昆明の漢方医の家に生まれ、雲南省立第一師範学校英語科で学んだ。順当に行けば、卒業してから英語の教師になるはずだったが、共産党青年団のメンバーだった彼は、国民党当局のブラックリストに載ってしまう。逮捕の恐れありという知らせがあったため、聶耳は卒業式をすませてすぐに故郷を離れざるを得なかった。ちょうど三番目の兄がタバコ卸売会社の上海支店勤務を命じられた頃で、兄は弟の逃亡先としてその地位を譲ったのである。

当時昆明から上海に行くためには、まず汽車でフランス領インドシナのハイフォンまで行き、そこから船に乗って香港経由で向かうルートしかなかった。汽車で三日、船旅には八日を費やし、乗り継ぎを含めて約二週間はかかる。長い旅を経て上海に到着した時、繁栄のピークにあった街は、人間と騒音の波で青年を圧倒した。「華やかな上海も、実は汚濁にまみれていることがすでによくわかりました。しかしけっして誤った道は歩きませんから、どうぞ兄さん、信じて下さい」（次兄宛の手紙より。『聶耳全集』下巻所収）。聶耳の脳裏に、母や兄たちと涙ながらに別れた光景が蘇った。家族にとって、かわいい末っ子を誘惑の多い大都会に送るのは心配でならなかった。父亡きあと、女手一つで家計を支えた母はなおさらである。しかし母の願いにもかかわらず、聶耳が故郷に帰ることは二度となかった。

聶耳の勤め先である雲豊申荘上海支店は、虹口東部の公平路にあった。のちにユダヤ人が多く住み着くことになる提籃橋に近く、繁華街の北四川路や呉淞路からは少し距離がある。

聶耳

雲豊申荘は、上海の有名会社「南洋兄弟煙草公司」の高級タバコを仕入れ、昆明で売ることを業務としており、聶耳はタバコの仕入れ・運搬に関わる実務と、本社との連絡、帳簿付けなどを担当した。事務所のある建物二階の薄暗い部屋が、彼の寝起きする場所であった。あいにく上海は、一番蒸し暑い季節にさしかかっており、夜は南京虫が出てなかなか寝付けなかった。

仕事にも慣れた頃、上司がフランス租界にある有名娯楽場「大世界《ダスカ》」に連れて行ってくれた。大世界は共同租界とフランス租界の境をなす愛多亜路《エドワード》沿いに建ち、一九一七年のオープン以来、映画・演芸・サーカス・奇術など何でもありの娯楽の殿堂として知られていた。一九三二年からは青幇のボスの一人、黄金栄《こうきんえい》がオーナーとなり、「煙・賭・嫖」（アヘン・賭博・娼婦）の三要素も加わって、夜は独特の雰囲気に満たされた。上海らしさが味わえるスポットとして、国内外の観光客（特に男性）を惹きつけた場所である。聶耳にとって、上海で観光らしい観光をするのはこれが初めてであり、劇場で京劇「空城計《くうじょうけい》」（三国時代蜀《しょく》の軍師諸葛孔明《しょかつこうめい》の智謀を描く）を見て大満足した。

聶耳はまじめに働き、上司の信頼も厚かったが、これが自分の一生の仕事であるとは思えなかった。彼にはひそかに抱いた夢があった。それは幼い頃から好きだった音楽の道を極めることである。聶耳は早くから笛、胡琴、三弦、月琴等の民族楽器に親しみ、第一師範学校に入ってからは熱心にヴァイオリンを習っていた。かつてある友人はこう勧めてくれた――「暨南《きなん》大学か、国立音楽院で音楽を専門に学べばいい」。昆明にいる時は本気で考えたことはなかったが、上海に来て以来、これらの大学の近くにいるのだと思うと、落ち着かない気持ちになった。

昆明では、知人のヴァイオリンを借りて練習していただけだったので、上海に来てからようやく自分の楽器を手に入れた。ヴァイオリンは、当時はピアノよりよほど安く買える身近な楽器で、上海では日本製の「鈴木ヴァイオリン」もよく売られていたという。聶耳が倹約して買ったのは質流れの中古品だったが、その後は自宅屋上のベランダで、誰にも邪魔されずに弾くことができた。ベランダからは遠くバンドの風景が一望できた。

運命の転機

上海に来て一年も経たないうち、雲豊申荘が倒産するという事態が起こり、聶耳は職探しを余儀なくされた。足を棒にして歩き回っていたある日、彼は新聞『申報』に聯華影業公司音楽歌舞学校（略称・聯華歌舞班）の練習生募集の広告を見つけた。聯華影業公司は、「東洋のハリウッド」と呼ばれた映画の街上海で、代表的な民族資本の映画製作会社であった。サイレントからトーキーへという時代の変化に対応し、西洋風ミュージカルの公演で知られた明月歌舞団と提携して、歌って踊れる俳優の養成に乗り出していた。第2章で紹介した脚線美の女優、黎莉莉や、彼女と人気を二分した王人美、のちに「金嗓子」（黄金の歌声）として一世を風靡した周璇《しゅうせん》も、明月の舞台から生まれた女優だった。

ヴァイオリンや歌が得意で、学生時代に演劇の経験もあった聶耳は、募集を見てチャンスだと考えた。宿舎と食事が提供され、訓練期間のあとはちゃんと給料ももらえることになっている。何より好きな音楽に直接関わる仕事というのがよかった。結局聶耳は、二度にわたる採用試験を突破して見事合格を果たした。こうして彼は、一介の店員としての暮らしから、華やかな芸能界へと足を踏み入れたのである。

聶耳は共同租界愛文義路《アヴエニユー》（現在の北京西路）にある練習場に付設された男子寮で暮らし、先輩奏者の王人芸の指導を受けながら、一日六時間ヴァイオリンの練習に励んだ。王人芸は人気女優の王人美の兄で、聶耳は二人を「兄さん、姉さん」と呼ぶ仲になる。舞台ではコケティッシュな女優たちも、素顔は素朴だった。みな窮屈な寮で生活を共にする仲間であり、聶耳は上海に来て初めて友人が出来たのだった。

現実の落差

聶耳は八名ほどの楽隊のメンバーとして、ミュージカルの伴奏や映画音楽の吹き込みをするようになり、努力が認められて、のちには首席ヴァイオリンをまかされるようになる。ミュージカルと言っても、今日とはだいぶ趣が異なり、モダンな装いをした女優のお色気や、コミカルなストーリーが売りの作品が多かった。京劇などの伝統的な節回しに慣れた中国人にとって、ドレミの音階に合わせて歌ったり踊ったりすることはまだ珍しく、新しい娯楽として人気を集めていた。しかし、男女の恋愛模様などを中心とした作品は、まじめな聶耳にはどうしても相容れない部分があった。

練習に、本番にと毎日くたくたになるまで弾いているのに、月給が二〇元と少ないことも不満だった。彼は工部局交響楽団のヴィオラ首席、ポドゥシュカに週一度ヴァイオリンの個人レッスンを受けていたが、授業料として毎回三元払わなければならなかった。プロの演奏家に教わることは嬉しかったが、衣服を質に入れて授業料を捻出するのには、やはり釈然としない思いが残った。

聶耳と映画界の仲間たち　聶耳（前列左から３人目），女優・黎莉莉（同４人目），孫瑜監督（後列右から２人目）

ちょうど半年ほど経った一九三一年九月、あこがれの国立音楽院（当時は国立音楽専科学校と改称）の校長、蕭友梅《しょうゆうばい》が聯華歌舞班を見学に来た。蕭友梅は東京帝国大学で教育学を、ライプツィヒ大学で音楽学を修めたエリートで、帰国後は音楽専門教育の推進に力を注いでいた。聯華側は技術指導の面で国立音専との提携を模索しており、聶耳らの楽隊は、蕭友梅の前で緊張した面持ちで演奏した。聶耳は、金のない自分が国立音専で学ぶことはできないかと、蕭友梅の好意を期待していた。しかし蕭友梅は、音専で学ぶには一学期ごとに六〇元の学費が必要だと言っただけだった。聶耳の失望は大きかった。

学びたいという意欲と、先立つものがないという現実の落差が、聶耳を苦しめた。上海という大都会には、音楽を学ぶ条件がすばらしく整っていた。世界的音楽家のコンサート、一流教師のレッスン、楽器や楽譜、名曲のレコード……しかし自分は、それらを指をくわえて見ているだけで、けっして手に入れることはできないのだ。まるで、以前先施デパートのショーウィンドーで、一〇〇〇元もする狐の毛皮を見た時のように……。歌舞のような都会の娯楽も、結局自分のような有為の青年を搾取することによって成り立っているのだと、聶耳は今さらのように思うのだった。学生時代に隠れて読んだマルクスの『資本論』が思い出された。あの時理論として学んだことが、今の聶耳には切実な現実の問題となっていた。

左翼音楽家の誕生

一九三二年春、左翼の劇作家田漢と知り合ったのをきっかけに、聶耳は明月歌劇を批判する文章を、ペンネームを使って雑誌に発表した。結局それが仲間たちの反撥を買い、聶耳は仕事を辞めることになる。同年夏には北京に行き、国立北平大学芸術学院を受験したが失敗した。上海に戻った聶耳は、翌年中国共産党に入党し、映画を通じて民衆の抗日意識を高めるという使命をもって、主題歌の作曲に携わるようになった。

四・一二クーデターで上海を追われた共産党は、その後地下にもぐって活動を続けていた。共同租界、フランス租界の中ならば、国民党政府の警察から逃れることができたのである。

当時、労働者や農民のほとんどは字が読めず、抗日の宣伝ビラを配っても、効果が少ないのが実状だった。そこで映画や演劇、音楽などは、主義主張を伝えるための格好の宣伝手段と考えられていた。特に歌は、歌詞にのせてメッセージを伝えることができ、口伝えに多くの人に広められるため、非常に有効な手段であった。

聶耳は最初のヒット作となった「大路歌」(孫瑜監督『大路』〈大いなる道〉主題歌、一九三四年)で、道路建設現場の労働者の明るくたくましい様子を、かけ声なども用いて表現した。旋律やリズムも簡単で、誰にでも歌えるような曲作りは、聶耳の作品に共通しており、音楽の「大衆化」を成功させたとして、党側から高く評価される。しかし謙虚な聶耳は——日記に繰り返し記しているように——自分に音楽の体系的な勉強が欠けていることを痛感していた。一九三四年二月、彼は意を決して国立音専を受験したが失敗し、以後は音専の教員オクサコフに、個人的に作曲法を教えてもらうことにした。

ともかく聶耳は、映画音楽界での活躍によって、上海に来て初めてやりがいを感じることができるようになった。「近頃は作曲でがんばっていて、もういくつかの曲ができたのですが、まずまず受けています。だから上海の芸術界では、聶耳と言えば、もうかなり大勢の人が知っています。特に映画関係の雑誌などでは、いつも耳が四つの名前を見ることができるんですよ。お母さん、嬉しいでしょう!」(母親宛の手紙より。『聶耳全集』下巻所収)。自分の作る音楽が必要とされているという意識が、ますます彼の向上心に火をつけた。ところが、日本との戦いに消極的な国民党政府は、民衆の抗日意識をあおる左翼活動家の取り締りに力を入れており、聶耳の身にも危険が迫っていた。一九三五年四月一五日、彼はトランク一つにヴァイオリンのケースを抱えて、日華連絡船・長崎丸に乗りこんだ。

日本留学と突然の死

学生時代日本語を学んでいた聶耳にとって、日本留学は早くから抱いていた夢だった。「日本帝国主義」は聶耳たち左翼活動家の敵であったが、日本という国はやはり距離的にどこよりも近く、学問や社会の進歩には一日の長があると思われていたのである。

船で神戸まで行き、大阪を観光したあと、夜汽車に揺られて東京に向かった。当時中国人留学生が多く住んでいたのは神田神保町である。聶耳も友人を頼って、日本人の家の二階に下宿した。靴を脱ぎ、裸足で畳にあがる生活が新鮮だった。

到着して数日後にはもう新交響楽団の定期演奏会に行き、ちょうど日本に来ていたアルトゥール・ルービンシュタインが独奏するピアノ協奏曲を聴いた。またある時は、世界的ヴァイオリニスト、エフレム・ジンバリストの演奏会に行った。彼の写真を一枚買って、サインしてもらおうと準備していたが、終演の時には演奏の余韻に浸りすぎたためか、そのまま帰って来てしまった。

自分もヴァイオリンの腕前を上げ、ヨーロッパやソ連で音楽を学びたいと、聶耳の夢は広がるばかりだった。ところが――夢は不意に断ち切られた。一九三五年七月一七日、聶耳は友人と避暑に来ていた藤沢市の鵠沼《くげぬま》海岸で、遊泳中に溺れて死んだ。わずか二三歳五ヵ月の命だった。

聶耳は、上海を発つ直前に仕上げた新しい歌、「義勇軍行進曲」(映画『風雲児女』〈嵐の中の若者たち〉主題歌、田漢作詞)が、銀幕を通じて中国の全土に広まって行ったことを知らなかった。都市で享楽的な生活を送る青年が、民族の危機に目覚めて立ち上がるという映画のストーリーに、聶耳らしく明るい、躍動感のある歌はぴったりだった。

この歌は一九三六年一二月、西安事件の起こった西安でも、デモ隊によって歌われていた。「立ち上がれ！　奴隷になりたくない人々よ。我らの血肉で新たな長城を築こう。中華民族の最も危険な時が来た。一人ひとりが追い詰められて最後の叫びを上げる――立ち上がれ！立ち上がれ！　立ち上がれ！　我々民衆は一致団結し、敵の砲火をついて進もう！　敵の砲火をついて前進！　前進！　前進だ！」。長い抗日戦争の期間中、この歌は労働者や農民、兵士によって歌い継がれ、中国人民に最もよく知られた歌曲として、一九四九年中華人民共和国の国歌と定められた。

大上海で過ごした短い青春に、聶耳は民衆の声を代弁する音楽家として目覚め、映画という新しいメディアを通して幅広い人々の心をつかんだ。たった三年間の作曲家生活で、たった三一曲作った歌の一つが、祖国のシンボルとなり、半世紀以上にわたって歌い継がれている。共産党は聶耳に「人民音楽家」の称号を与えたが、彼の人生に、映画のような「都会のサクセスストーリー」を感じるのは筆者だけだろうか。

3　都市の奪還

終戦後の混乱

一八四五年のイギリス租界設置以来一〇〇年間、上海租界は「国中之国」(国の中の国)として発展してきた。そこは中国の統治が及ばなかっただけでなく、独特の「自治」の仕組みによって、特定の国家の干渉が排除されてきた。しかし租界は植民地と異なり、土地の領有権はあくまでも中国に帰属していた。だからこそ、中国をめぐる政治状況の変化によって、租界の基盤は揺らいでいくのである。

一九二八年、南京国民政府による全国統一は、中国が軍閥割拠の時代を脱し、近代的国民国家へ歩み出したことを示していた。日本の大陸進出をにらみながら、欧米列強はこれまでとは違った対中政策を練らなければならなかった。イギリスが漢口、九江の租界返還に応じたのも、そのような背景があったからであり、上海においても、これまでのような強気一辺倒では租界を維持できなくなっていた。一九二五年の五・三〇事件で、デモ隊の中国人がこう叫んでいたのを、イギリス人警官は聞いていた――「外国人を殺せ！」。

統一政府の成立と同じ一九二八年に、工部局参事会が初めて中国人参事の参加を認めたことや、パブリックガーデンをすべての人々に公開したことは象徴的である。上海に長く暮らした外国人ほど、国際情勢を理解することが難しく、上海における既得権益を手放すことに抵抗を感じていたが、これは外国人だけでなく、中国人にも当てはまることだった。国家の統治を受けず、経済活動の自由が保証され、いながらにして欧米の最先端の文化を享受できる場所は、上海のほかにはなかった。そもそも蔣介石の国民政府自体が、浙江財閥などの上海の資本に大きく依存していたため、現状が急激に変わることはないように見えた。

それを打ち壊したのが日中戦争、ついで太平洋戦争の開戦である。これまでさまざまな章で述べてきたように、租界の存在を根底から揺り動かしたのは戦争という異常事態であり、「武装中立」の慣例を破って租界に進駐した日本軍だった。中国と日本の戦いは、第二次世界大戦の戦線の一つに位置づけられ、中国は連合国の一員として、イギリスやアメリカと肩を並べることになったのである。一九四三年、両国が上海租界返還と不平等条約の撤廃に合意したのは、戦略上中国の協力が不可欠であり、蔣介石政権を対等に遇する必要があったからである。

一九四五年八月の終戦によって、上海は外国人の支配を離れ、中国人の手に返された。南京路には一斉に青天白日旗（国民党党旗）が掲げられ、人々は蔣介石の勝利を喜んだ。とこ

上海に戻ってきたアメリカ軍

ろが日中戦争の間、アメリカの支援をよいことに、国民党は戦力を温存して、着々と来たるべき共産党との戦いに備えていた。戦後上海の日本軍を武装解除する時には、国共どちらの軍がその任にあたるかで早くも対立が表面化した。

戦争中、遠く重慶で過ごしていた国民党にとって、上海に蓄積された富は魅力的だった。国民党内の指揮系統が混乱していたこともあり、さまざまな人物や機関が「接収」の名のもとに繰り返し略奪を行なった。没収された家屋、車輌、貴金属、絵画・骨董などは転売され、政府官員に巨利をもたらした。工場からは製品や原料、機械が根こそぎ運び出されて稼働しなくなり、多くの労働者が職を失った。国民党関係者の中には、没収した原料や機械を流用して、自分の工場を新規開設する者までいたのである。

アメリカの救援物資が大量に流入し、安価な商品が市場に氾濫したことも、上海経済に大きな打撃を与えた。国民党が一九四六年から四八年にかけ、中米友好通商条約など一連の条約を締結し、貿易自由化政策を推進したため、接収によって破壊された中国の産業は壊滅的な打撃を受けることになったのである。インフレーションは天文学的な数字に達し、一九四六年三月の段階で、上海の卸売り物価は戦前の二六〇〇倍にも達した。

戦争中にアメリカは中国との不平等条約を撤廃し、治外法権を失ったが、その代わりに、在華アメリカ軍兵士が中国の法律では裁かれないという特権を新たに認められていた。戦後上海に進駐したアメリカ軍兵士は、事故や事件を起こしても罪に問われることはなく、そのことは市民を憤慨させた。たとえば黄浦江上のアメリカ艦船と中国人の船の衝突事故、人力車の料金をめぐる傷害事件、通行人や貴金属店に対する強盗事件などである。戦後一年足らずの間に、アメリカ軍兵士の暴行によって死亡した中国人市民は一五〇〇人を超えたという。

上海の新たな支配者となった国民党と、軍事的・経済的に強大な力を揮うアメリカに対する憎悪が、市民の間に広がっていった。治安・秩序の維持という点では、日本軍占領時代の方がまだましだったと思うと、幻滅は一層ひどくなるのだった。

国共内戦

国民党と共産党の対立が深まる中で、上海では知識人や学生を中心に、平和と民主主義を求める運動が次々に起こった。彼らは国民党の政策に失望していたものの、当初は国民政府を中国の正当な政府と認め、アメリカの調停によって内戦が回避されることを望んでいた。

共産党は戦争中、「抗日」のスローガンのもと、地下組織を通じて上海の労働者層への影響力を増大させていたが、知識人の中には共産党に対する不信感が根強かった。上海の知識人は富裕な階層の出身者が多く、その財力を元に欧米や日本に留学していた。英語やフランス語にも堪能で、外国の書籍やラジオ放送などを通じて国際事情にも詳しかった。ソ連におけるスターリンの独裁や、知識人の粛清についても聞いており、共産党が目指す労働者中心の社会に、相容れないものを感じていたのである。

国民党の圧倒的な軍事力に加え、アメリカの強力な支援もあって、内戦になった場合に国民党が負けるという予測はあまりなかった。主に中国農村部に基盤を置く共産党について、都市部ではよく知られていなかったことも理由の一つだろう。アメリカが戦後すぐ上海に投資を再開したのも、中国において自由主義が継続するという観測によるものだった。たとえ租界がなくなり、治外法権が失われても、上海においては基本的に従来同様の経済活動が続けられると思っていたのである。

一九四六年七月、ついに始まった国共内戦は、覇権をめぐる二つの党の争いだっただけでなく、資本主義か社会主義かという、国家体制に関わる大きな戦いだった。その帰結は、近代以来「自由都市」として発展してきた上海に、最も深い関わりを持っていた。だからこそ、上海の中国人および外国人は、情勢に一喜一憂しつつ、身の振り方を選択しなければならなかったのである。

「解放」の時

戦争中日本軍の収容所に入れられていた英米人の中には、租界がすでに中国に返還されたことを、終戦後初めて知った者もいたという。家や財産を失ってなお上海で暮らそうとしていた人々にとって、インフレーションによる生活苦は甚だしく、反米運動など中国人の排外主義も恐ろしかった。戻るべき故郷がある人々はよかったが、上海に根を下ろし、工部局の職員や警察官として働いていたイギリス人などは、香港やシンガポール、オーストラリアなどに渡って新たな人生を開拓するしかなかった。

日本人は帰るべき場所に帰って行った。終戦時中国（満州、台湾を含む）には、二〇〇万あまりの日本の軍人・官吏・居留民などがいたが、蔣介石は「怨みに報ゆるに徳をもってす」という方針を発表し、すみやかに帰国させるようにした。国共対立で悪化する国内情勢を考慮し、不安定要因をできるだけ取り去るねらいもあったのである。上海には、虹口の指定地区に隔離された七万人あまりの居留民がおり、さらに南京、漢口などから約二万人が集合した。指定地区の中では住民による一定の自治が認められ、行動も比較的自由で、闇市や食品を売る屋台などが繁盛した。一九四五年一二月四日に最初の帰国船が出港したのを皮切りに、四六年五月までにほとんどの日本人が帰国した。

約一万三〇〇〇人いたユダヤ難民の多くはもといた国に帰ることを望まず、アメリカに渡

バンドを行進する人民解放軍

ることを希望していた。国連の救済復興機関（UNRRA）が、ユダヤ人側の援助団体と協力して支援業務にあたったが、アメリカのビザ発給に長い時間がかかり、加えて終戦直後は船舶が軍務優先だったこともあって、第一陣が出港したのは一九四六年七月のことだった。その間、困窮した中国人がユダヤ人の住宅を襲うなどの事件が起こった。かつて日本軍が虹口にユダヤ難民の指定地区を定めた際、転居した中国人が、戦後になって難民の立ち退きを要求したのである。行き先がなかなか定まらない人々にとって、一九四八年にイスラエルが建国されたことは僥倖だった。以後、一九四九年までに上海を離れたユダヤ人の多くは、イスラエルへ移住したという。

当初圧倒的に優勢だった国民党軍に対し、共産党軍は一九四七年六月末から反攻を開始し、四八年には形勢が明らかに逆転した。共産党による土地革命で初めて自分の土地を得た農民たちが、続々と共産党軍に加わったのである。上海では、平和への願いを武力で弾圧する国民党の圧政が、市民の大きな憎しみを買っていた。インフレーションはとどまるところを知らず、政府が強圧的に行なった幣制改革も失敗に終わった。上海の将来を見限った資本家たちは、次々に香港などへ逃れて行った。民心を失った蔣介石政権を、アメリカもこれ以上支えるつもりはなかった。

一九四九年四月二三日、共産党軍は国民政府の首都南京を制圧した。その直後、蔣介石は自ら上海に赴き、軍幹部に対し「今後六ヵ月から一年は上海を死守せよ」と訓辞した。資産を移転するために時間を稼ぎ、アメリカやイギリスが万が一にも干渉してくれることを願ったのである。「大上海を守るのだ」「私は上海と存亡を共にする」。しかしすでに士気の落ちた国民党軍は、たった一ヵ月しか守りきることができなかった。五月二三日、蔣介石はついに上海からの撤退を命令した。翌二四日、共産党軍が市内に突入し、二五日には蘇州河以南の大部分の地域を「解放」した。

この日の早朝、南京路に現れた共産党軍の先遣隊を見て、驚喜した永安デパートの地下党員が、商品の布を惜しげもなく切り裂いて旗を作った。急ごしらえの真紅の旗が、モダン上海の象徴であったデパート屋上「綺雲閣」に大きくたなびいた。

さらば上海

上海解放後の五月三一日、新華通信社（共産党側の通信社、のちに国営となる）は「上海解放を祝う」と題する社説を掲げた。

上海の解放は、全ての中国人民と、全世界の進歩的な人々に歓迎された。なぜなら、第一に上海は中国最大の経済の中心地であり、上海の解放は、中国人民が軍事的に、また政治的、経済的に、自らの敵である国民党の反動どもを打倒したことを示している。第二に上海は、帝国主義が中国を侵略するための主要な基地であり、上海の解放は、中国人民が民族独立の基礎を確立したことを示している。この二つの状況により、上海の解放は、中国人民の解放事業の中で特別な意味を持っているのだ。

（熊月之・周武主編『上海』引用者訳）

上海への進軍前から、共産党は上海の労働者や学生に呼びかけて、国民党の破壊・略奪行為を防ぐよう努めた。国民党軍の士気が低下していたこともあり、街のインフラや、電気・水道など公共設備の破壊は最小限にとどまり、上海はほとんど無傷で共産党の支配下に入った。引用した社説が示しているように、上海を制圧したことは、国共内戦の行く末を占うだけでなく、この街が外国人の支配から最終的に「解放」され、中国人の手に戻ったことを意味していた。

この時点で上海には、なお三一ヵ国の大使館、領事館などが存在していたが、新しく成立した上海市人民政府は、それらの外交機関としての地位を認めず、外交官が持っていた特権も廃止された。一九四九年一〇月に中華人民共和国が成立すると、ソ連をはじめとする社会主義国家はいち早く外交関係を樹立したが、東西冷戦が深刻になる中、アメリカは一九五〇年三月に上海の総領事館を閉鎖し、イギリス、フランスなどもこれに続いた。

激変する上海で、最も苦境に立たされたのは白系ロシア人であった。彼らはもともと、祖国の社会主義革命を嫌って極東まで逃れてきたのである。第二の故郷と思い定めた上海が、共産党の手に落ちるとは、彼らにとっては悪夢にほかならなかった。第二次世界大戦の終戦直後に約二万人いた白系ロシア人のうち、約四〇〇〇人は戦後の大赦でソ連のパスポートを取得し、すでに帰国していた。南米やオーストラリアに移住した人々もいたが、国共内戦の帰趨が決まってなお五〇〇〇人あまりが、なすすべもなく上海に残留していた。彼らは再び難民となり、フィリピン・サマル島のアメリカ海軍基地跡に移された。四ヵ月の約束だったテント暮らしは二年に及び、あまりの窮状を見かねた関係者の奔走により、アメリカ政府はついに彼らにビザを与えた。

上海が共産党の支配下に入ってから半年あまりの間は、ハリウッド映画が以前と同じように上映され、街ではアメリカ製品も売られていた。しかし東西冷戦が激化し、朝鮮戦争が勃発すると、アメリカは敵国となり、アメリカ的なものは街から一掃された。当時なお一五〇あまり存在していたアメリカ企業も、政府の管理下に置かれ、一九五四年には完全に「清算」された。

「社会主義改造」の行方

上海から資本主義と資本主義国家の人々が消えたのと並行して、中国人の資本家も社会から追われた。一九五一年末から、官僚の汚職や資本家の不法行為を摘発する「三反運動」「五反運動」が行なわれ、資本家は労働者から「階級教育」を受けた。これまで雇っていた労働者や店員などから、脱税や贈賄などの証拠を挙げられ、批判されたのである。中国が今や労働者中心の社会になったことを、資本家たちは痛切に思い知らされた。

その後私営企業はすべて人民所有制（国有・国営）とされ、資本家は経営者としての地位を失った。これまで資本家が手にしていた利益は国家のものとなり、上海の富は中央政府に吸い上げられて、全国の近代化のために使われることになった。一部の資本家はイギリス支配下の香港に脱出したが、大半の人々は黙って「社会主義改造」を受け入れた。

資本主義と訣別した上海は、金を奪われ、自由を奪われた。世界でもまれな国際都市だった上海は、社会主義国家中国の一都市になった。その大転換は、「解放」から一〇年も経たないうちにすべて完了したのである。

日本の敗戦前後の一年九ヵ月を上海で過ごした堀田善衞は、一九五七年秋に上海を再訪した。懐かしい街を歩き、自らの足跡を振り返りながら、堀田は「ガラーンとしとる、なんだかばかに風通しのいい、機能的な街になってしまったな」と思った。「都会の魅力」、つまり乞食や、娼婦や、犯罪など、文学の最大のテーマとなってきた「社会悪」が、人民によって征伐されてしまったと言うのである。

極めて質素な中国が、ガワだけ西欧植民地がおったてた植民地風な、威張りちらしてそっくりかえった大建築物群のなかへおさまった、その一種異様な不調和感、私たちの方から見ての違和感のようなものが、私にそう思わせたものであったろう。私はむかしのサッスーン・ハウス、いまの和平賓館のなかにも入ってみたが、豪華なシャンデリアの下を、詰襟の中山服や菜ッ葉服を着た何かの機関の幹部たちが往来している光景は、たちまちかつての、馬斯南《マスネー》路の中共公館から出て来た綿入れ服の延安から来ていた人の姿を思い出させた。

それが中国へ帰った、復帰した、ということは、要するに逆にいえば、中国の農村が上海に侵入して来た、ということなのだ。中国農村が上海を農村から解放し、その上海が農村に仕える、〝服務〟するものとなった。上海が農村を支配し、搾取するというのではなくて、いわば、農村にひきもどされ、それにつかえるものとなった、ということなのだ。なんとなく田舎臭くなったな、とも私は思った。上海を解放した主力は、上海の労働者でも学生でもなくて、農民兵であった。上海の存在は、農村の方へ重くかかるようになり、その顔は、封鎖のつづくあいだという一時的なものかもしれないが、海彼《かいひ》ではなくて、内陸の方を向いている。黄浦江添いのバンドの建物を見ていて、私は中国の裏門、裏壁を見ているような気がした。本舞台は、内陸の農村なのだ。だから、この都市のにぎわいは、その質と内容を変えてしまった。（堀田善衞『上海にて』）

堀田は、この年まさに中国全土で進行中だった「反右派闘争」で、自分と同類の作家や、芸術家や、ジャーナリストなどが、「ブルジョア個人主義」「ブルジョア自由主義」などの罪名で批判されていることを知らなかった。彼らの「罪」は、租界・上海の最盛期、一九三〇年代までさかのぼって調べあげられ、人民大衆の前に「暴露」されたのである。

平和と民主を願い、共産党に未来を託して上海にとどまった知識人たちにとって、これは思想弾圧の序曲に過ぎなかった。一九六六年に文化大革命が始まると、西欧的なものはすべてブルジョア的であるとされ、外国語や、外国の文学・芸術に詳しい人々は、ひとしく「帝国主義の走狗《そうく》」「外国のスパイ」とされたのである。

農民の子である毛沢東は、都市のブルジョアに対して強い不信感を持っていた。彼は外国からの投資や援助を拒絶し、「自力更生」をスローガンに経済建設を進めていく。そこでは上海の一〇〇年にわたる近代化の経験や遺産は、ほとんど必要とされなかったのである。

その後四半世紀の間、上海は長い眠りの中にあった。租界時代の栄華は、薄黒くなった建築群からわずかにうかがえるのみだった。雌伏の時を過ごしていた上海を揺り動かしたのは、一九九二年に南方視察を行なった鄧小平《とうしょうへい》である。――上海を、なぜもっと早く深圳《しんせん》のような経済特区に指定しなかったのか。そうすれば改革・開放政策をもっと大胆に進めることができたのに――鄧小平の後悔は、やがて上海再開発の大号令となった。

時代は再び、上海を世界の舞台へ引っ張り出したのである。

あとがき

一九八七年一〇月、私が初めて上海を訪れた時、街はまだ租界時代の夢の中にまどろんでいた。黄浦江の両岸には高層ビルと言えるものは存在せず、ただバンドの建築群だけが、背後から西日を受けて黒く長い影を落としていた。

あれから二〇年以上の歳月が流れ、万博を目前に控えた上海では、まさに日進月歩の勢いで大規模な開発が進んでいる。主要な建築は文化財として保存され、観光資源として利用されても、個人の住宅は容赦なく取り壊され、名もなき人々の暮らしの跡をたどることは難しくなった。

上海に関する本が数多く出版されているなかで、街の歴史を綴るという責任の重い仕事を自分が引き受けることになるとは、夢にも思っていなかった。中国の音楽文化を研究してきた私にとって、これまで上海は、近代音楽の誕生という物語の「舞台」に過ぎなかった。しかし本書を書いてみて、上海という街そのものの魅力を改めて知ることができたと感じている。一つの物語が、どこを「舞台」に選ぶのかは、けっして偶然ではないのだ。

私は前著『上海オーケストラ物語』で、今からちょうど一三〇年前に設立された上海パブリックバンド(現在の上海交響楽団)の歴史をたどり、租界の発展と外国人たちの暮らしぶりを長い時間軸に沿って叙述した。その経験があって初めて、本書のような内容や構成が可能になったと考えている。もちろん先達の手による多数の文献がなければ、とうていなし得ない仕事であった。中にはページがはずれるほど繰り返しめくって参照した本もあり、それぞれの著者に対する感謝と敬意は言い尽くせない。

また本書執筆の過程で、現地調査の案内をしてくださった友人や先生方、資料調査に協力してくれた中央大学大学院文学研究科中国言語文化専攻の院生諸君にも、この場を借りて御礼申し上げる。特に、この一〇年間繰り返し上海を訪れるたびに、情報提供や食事の世話などをしてくださった稲垣明美さんに心から感謝申し上げたい。上海の外国企業で働く同世代の女性から教えられることは多く、彼女のライフスタイルを通して現代の上海に対する理解を深めることができた。

中央公論新社の松室徹さんは、大学院生の時にお会いして以来の付き合いになるが、この間、私が書き手として成長するのをずっと待っていてくださった。松室さんのあとを引き継いで本書を担当してくださった白戸直人さんにも、図版や年表の作成など、細かい作業で大変お世話になった。私を支えてくださったお二人に、心からの感謝を捧げたい。

二〇〇九年九月

榎本泰子

参考文献

上海史・租界史全般

高橋孝助・古厩忠夫編『上海史』東方書店、一九九五年

日本上海史研究会編『上海人物誌』東方書店、一九九七年

日本上海史研究会編『上海　重層するネットワーク』汲古書院、二〇〇〇年

菊池敏夫・日本上海史研究会編『上海　職業さまざま』勉誠出版、二〇〇二年

村松伸『上海・都市と建築　一八四二―一九四九年』PARCO出版、一九九一年

村松伸・文、増田彰久・写真『図説 上海 モダン都市の150年』河出書房新社、一九九八年

木之内誠編著『上海歴史ガイドマップ』大修館書店、一九九九年

大里浩秋・孫安石編著『中国における日本租界　重慶・漢口・杭州・上海』御茶の水書房、二〇〇六年

NHK取材班編『魔都上海　十万の日本人』角川文庫、一九九四年初版

丸山昇『上海物語　国際都市上海と日中文化人』講談社学術文庫、二〇〇四年

榎本泰子『上海オーケストラ物語　西洋人音楽家たちの夢』春秋社、二〇〇六年

米澤秀夫『上海史話』畝傍書房、一九四二年（復刻版『上海叢書』第一巻、大空社、二〇〇二年）

アーネスト・オー・ハウザー『大幇の都 上海』佐藤弘訳、高山書院、一九四〇年（復刻版『上海叢書』第八巻、大空社、二〇〇二年）

ホークス・ポット『上海史』土方定一・橋本八男訳、生活社、一九四〇年

ハリエット・サージェント『上海　魔都100年の興亡』浅沼昭子訳、新潮社、一九九六年

費成康『中国租界史』上海社会科学院出版社、一九九一年

熊月之等編『上海通史』上海人民出版社、一九九九年

《上海租界志》編纂委員会編『上海租界志』上海社会科学院出版社、二〇〇一年

熊月之等編『上海的外国人（1842―1949）』上海古籍出版社、二〇〇三年

熊月之等主編『上海　一座現代化都市的編年史』上海書店出版社、二〇〇七年

薛理勇『旧上海租界史話』上海社会科学院出版社、二〇〇二年
薛理勇『外灘的歴史和建築』上海社会科学院出版社、二〇〇二年
楊嘉祐『上海　老房子的故事』上海人民出版社、一九九九年

第1章「イギリス人の野望」

石井摩耶子『近代中国とイギリス資本　19世紀後半のジャーディン・マセソン商会を中心に』東京大学出版会、一九九八年
後藤春美『アヘンとイギリス帝国　国際規制の高まり　1906～43年』山川出版社、二〇〇五年
後藤春美『上海をめぐる日英関係　1925－1932年　日英同盟後の協調と対抗』東京大学出版会、二〇〇六年
植田捷雄『在支列国権益概説』巌松堂書店、一九三九年初版、一九四二年再版
川島真「領域と記憶　租界・租借地・勢力範囲をめぐる言説と制度」（貴志俊彦ほか編『模索する近代日中関係』東京大学出版会、二〇〇九年）
松本重治『上海時代』中央公論社、一九七七年
イザベラ・バード『中国奥地紀行』1・2、金坂清則訳、平凡社、二〇〇二年
角山栄『茶の世界史　緑茶の文化と紅茶の社会』中公新書、一九八〇年
ロバート・ビッカーズ『上海租界興亡史　イギリス人警察官が見た上海下層移民社会』本野英一訳、昭和堂、二〇〇九年
サマセット・モーム『中国の屏風』小池滋訳、ちくま文庫、一九九六年
C. E. Darwent, *Shanghai: A Handbook for Travellers and Residents*, Kelly & Walsh, Shanghai, 1920

第2章「アメリカ人の情熱」

ニム・ウェールズ『中国に賭けた青春　エドガー・スノウとともに』春名徹・入江曜子訳、岩波書店、一九九一年
エドガー・スノー『目ざめへの旅』（エドガー・スノー著作集4）松岡洋子訳、筑摩書房、一九七三年
夏伯銘『上海旧事之蹺脚沙遜』上海遠東出版社、二〇〇八年
『銀座アスター物語』銀座アスター食品株式会社発行、二〇〇四年（非売品）
劉文兵『映画のなかの上海　表象としての都市・女性・プロパガンダ』慶應義塾大学出版会、二〇〇四年
佐藤忠男・刈間文俊『上海キネマポート』凱風社、一九八五年
程季華『中国映画史』森川和代編訳、平凡社、一九八七年

辻久一『中華電影史話　一兵卒の日中映画回想記』凱風社、一九八七年初版（一九九八年新装版）
清水晶『上海租界映画私史』新潮社、一九九五年
畑暉男編『20世紀アメリカ映画事典』カタログハウス、二〇〇二年
チャールズ・チャップリン『チャップリン自伝』中野好夫訳、新潮社、一九六六年初版
ハロルド・R・アイザックス『中国のイメージ　アメリカ人の中国観』小浪充・國弘正雄訳、サイマル出版会、一九七〇年
入江昭『増補　米中関係のイメージ』平凡社ライブラリー、二〇〇二年
高時良主編『中国教会学校史』湖南教育出版社、一九九四年
熊月之・周武編『聖約翰大学史』上海人民出版社、二〇〇七年
渡辺祐子「近代中国におけるプロテスタント伝道　「反発」と「受容」の諸相」東京外国語大学博士学位論文、二〇〇六年

第3章「ロシア人の悲哀」

汪之成『上海俄僑史』上海三聯書店、一九九三年
汪之成『俄僑音楽家在上海（1920s～1940s）』上海音楽学院出版社、二〇〇七年
李興耕等著『風雨浮萍　俄国僑民在中国（1917－1945）』中央編訳出版社、一九九七年
にむらじゅんこ・文、菊地和男・写真『フレンチ上海　東洋のパリを訪ねる』平凡社、二〇〇六年
薛順生・婁承浩編著『老上海経典公寓』同済大学出版社、二〇〇五年
小牧正英『ペトルウシュカの独白』三恵書房、一九七五年
小牧正英『バレエと私の戦後史』毎日新聞社、一九七七年
小牧正英『晴れた空に…　舞踊家の汗の中から』未来社、一九八四年
山川三太『「白鳥の湖」伝説　小牧正英とバレエの時代』無明舎出版、一九九五年
星野幸代「中国バレエ前史」『言語文化論集』第29巻第2号、名古屋大学言語文化部・国際言語文化研究科、二〇〇八年
陳丹燕『上海メモラビリア』莫邦富・廣江祥子訳、草思社、二〇〇三年

第4章「日本人の挑戦」

『高杉晋作全集』下巻、新人物往来社、一九七四年
奈良本辰也『高杉晋作』中公新書、一九六五年
海原徹『高杉晋作』ミネルヴァ書房、二〇〇七年
劉建輝『魔都上海　日本知識人の「近代」体験』講談社選書メチエ、二〇〇〇年

高綱博文編『戦時上海　1937～45年』研文出版、二〇〇五年
高綱博文『「国際都市」上海のなかの日本人』研文出版、二〇〇九年
小島勝・馬洪林編著『上海の日本人社会　戦前の文化・宗教・教育』永田文昌堂、一九九九年
陳祖恩『尋訪東洋人　近代上海的日本居留民（1868－1945）』上海社会科学院出版社、二〇〇七年
和田妙子『上海ラプソディー　伝説の舞姫マヌエラ自伝』ワック、二〇〇一年
林京子『上海・ミッシェルの口紅』講談社文芸文庫、二〇〇一年
『魯迅全集』第一六巻、学習研究社、一九八六年
金子光晴『どくろ杯』中公文庫、一九七六年
村松梢風『魔都』小西書店、一九二四年（復刻版『文化人の見た近代アジア』第九巻、ゆまに書房、二〇〇二年）
芥川龍之介『上海游記・江南游記』講談社文芸文庫、二〇〇一年
山口淑子・藤原作弥『李香蘭・私の半生』新潮文庫、一九九〇年
山口淑子『「李香蘭」を生きて』日本経済新聞社、二〇〇四年
内山完造『そんへえ・おおへえ』岩波新書、一九四九年初版、一九八四年特装版
和田博文ほか著『言語都市・上海　1840－1945』藤原書店、一九九九年
趙夢雲『上海・文学残像　日本人作家の光と影』田畑書店、二〇〇〇年
ジョン・B・パウエル『「在支二十五年」米国人記者が見た戦前のシナと日本』上・下、中山理訳、祥伝社、二〇〇八年
大橋毅彦ほか編著・注釈『上海1944－1945　武田泰淳『上海の螢』注釈』双文社出版、二〇〇八年
紅野謙介編『堀田善衞上海日記　滬上天下一九四五』集英社、二〇〇八年

第5章「ユダヤ人の苦難」

戴維・克蘭茨勒（デヴィッド・クランツラー）『上海猶太難民社区』許歩曽訳、上海三聯書店、一九九一年（David Kranzler, *Japanese, Nazis & Jews: The Jewish Refugee Community of Shanghai, 1938–1945*, Yeshiva University Press, 1976の中国語版）
湯亜汀『上海猶太社区的音楽生活』上海音楽学院出版社、二〇〇七年
宋妍主編『虹口記憶　1938－1945猶太難民的生活』学林出版社、二〇〇五年
丸山直起『太平洋戦争と上海のユダヤ難民』法政大学出版局、二〇〇五年
山本尚志『日本を愛したユダヤ人ピアニスト　レオ・シ

ロタ』毎日新聞社、二〇〇四年
ウルスラ・ベーコン『ナチスから逃れたユダヤ人少女の上海日記』和田まゆ子訳、祥伝社、二〇〇六年
広岡今日子・榎本雄二編著『時空旅行ガイド　大上海』情報センター出版局、二〇〇六年
ヘルムート・シュテルン『ベルリンへの長い旅　戦乱の極東を生き延びたユダヤ人音楽家の記録』真鍋圭子訳、朝日新聞社、一九九九年
阿部吉雄「上海のユダヤ人難民音楽家」『言語文化論究』第二二号、九州大学大学院言語文化研究院、二〇〇七年二月

第6章「中国人の意志」

小島晋治・丸山松幸『中国近現代史』岩波新書、一九八六年
横山宏章『中華民国』中公新書、一九九七年
家近亮子『蔣介石と南京国民政府』慶應義塾大学出版会、二〇〇二年
厳如平主編『民国著名人物伝』中国青年出版社、一九九七年
李勇・張仲田編『蔣介石年譜』中共党史出版社、一九九五年
伊藤純・伊藤真『宋姉妹　中国を支配した華麗なる一族』角川書店、一九九五年初版、一九九九年文庫版
陳潔如『蔣介石に棄てられた女』加藤正敏訳、草思社、一九九六年
《聶耳全集》編輯委員会編『聶耳全集』文化芸術出版社・人民音楽出版社、一九八五年
齋藤孝治『聶耳　閃光の生涯』聶耳刊行会、一九九九年
榎本泰子『楽人の都・上海　近代中国における西洋音楽の受容』研文出版、一九九八年
日本上海史研究会編『建国前後の上海』研文出版、二〇〇九年
堀田善衞『上海にて』筑摩書房、一九五九年初版、一九九五年ちくま学芸文庫版

新聞・雑誌・逐次刊行物

The North China Herald
『大陸新報』
『申報』（影印本）上海書店、一九八四年

主要図版出典一覧

上海市歴史博物館・上海美術出版社編『上海百年掠影　1840 s ～1940 s』上海人民美術出版社，1993年　28(上), 29(上), 29(下), 60, 83, 127, 223

唐振常編『近代上海繁華録』商務印書館，1993年　42

呉亮『老上海　已逝的時光』江蘇美術出版社，1998年　37, 81, 87, 91(上), 148

沈寂主編『老上海南京路』上海人民美術出版社，2003年　31, 65, 76, 91(下)

高達（編訳・撮影）『黄浦公園今昔』上海人民美術出版社，1990年　228

高綱博文・陳祖恩編『日本僑民在上海（1870－1945）』上海辞書出版社，2000年　150, 153

潘光主編『猶太人在上海』上海画報出版社，2005年　194

宋妍主編『虹口記憶　1938－1945猶太難民的生活』学林出版社，2005年　213

『聶耳全集』下巻　文化芸術出版社・人民音楽出版社，1985年　243, 247

横浜開港資料普及協会編『横浜と上海　二つの開港都市の近代』横浜開港資料普及協会，1993年　111, 235

和田妙子『上海ラプソディー　伝説の舞姫マヌエラ自伝』ワック，2001年　155

ウルスラ・ベーコン『ナチスから逃れたユダヤ人少女の上海日記』和田まゆ子訳，祥伝社，2006年　201

伊藤純・伊藤真『宋姉妹　中国を支配した華麗なる一族』角川文庫，1999年　237

Lynn Pan with Xue Liyong and Qian Zonghao, *Shanghai: A Century of Change in Photographs 1843–1949*, Hai Feng Publishing Co., Hong Kong, 1993　95, 103, 179, 221, 225, 254, 258

Tess Johnston & Deke Erh, *Frenchtown Shanghai: Western Architecture in Shanghai's Old French Concession*, Old China Hand Books, 2000　125

Peter Hibbard, *The Bund Shanghai: China Faces West*, Odyssey Books & Guides, 2007　28(下), 47

1956	1 企業の公私合営化開始
1957	6 反右派闘争開始．堀田善衞，10年ぶりに上海を再訪
1958	5 大躍進政策開始
1966	8 文化大革命開始
1976	1 周恩来死去．4 第1次天安門事件．9 毛沢東死去，江青ら「四人組」逮捕
1978	12 改革・開放政策を決定
1984	4 上海を沿海開放都市に指定
1985	1 上海を含む長江デルタを経済開発地区に指定．上海市政府が浦東新区開発計画を提起
1989	6 第2次天安門事件．西側の経済制裁などにより，外国企業の投資激減
1990	4 浦東新区開発計画を国家プロジェクトに指定．12 上海証券取引所開設
1992	2 鄧小平による南巡講話．10 中央政府・国務院が「上海浦東開発・開放を龍の頭として，さらに長江沿岸都市の開放を進める」ことを決定
1994	11 テレビ塔「東方明珠塔」が浦東新区陸家嘴に完成
1997	7 香港返還
1999	10 浦東国際空港開港．12 マカオ返還
2001	7 北京オリンピック（2008年）の開催が決定．10 APEC上海会議．12 中国がWTO加盟
2002	12 上海万博（2010年）の開催が決定
2003	3 市内と浦東国際空港を結ぶリニアモーターカーが運行開始
2005	6 国務院が浦東新区を「国家総合改革試験区」に認定．12 東シナ海上に洋山国際深水港が開港，東海大橋で上海市と結ばれる．上海市側の南匯区臨港新城に中国初の保税区を設置
2006	上海市が国際金融センター建設のための5ヵ年計画を発表
2007	9 羽田・虹橋路線が就航
2008	8 超高層ビル「上海環球金融中心（ワールドフィナンシャルセンター）」が浦東新区陸家嘴にオープン
2009	5 浦東新区と南匯区の合併を決定．国際空港，国際港を併せ持つ世界有数のハブターミナルを目指す

1925	5 五・三〇事件.「反英」「租界回収」運動高まる
1926	2 新新デパート開店. 7 国民革命軍, 北伐を開始（総司令に蔣介石）
1927	2 イギリス, 漢口と九江の租界を返還. 4 蔣介石による四・一二クーデター. 南京国民政府樹立. 10 魯迅, 上海に居を移す. 11 初の音楽専門教育機関, 国立音楽院創立. 12 蔣介石・宋美齢の結婚式. ダンスホール「大東舞庁」オープン
1928	4 共同租界参事会に初の中国人参事が就任. エドガー・スノウ, 初めて上海を訪れる. 6 北伐軍, 北京を占領. 全国統一を達成
1929	8 国民政府により「大上海計画」が開始される. 9 サッスーン・ハウス落成. 10 世界恐慌始まる
1930	3 中国左翼作家連盟結成
1931	8 ヘレン・フォスター, 初めて上海を訪れる. 9 満州事変
1932	1 第1次上海事変勃発
1933	当時東洋一の高層建築, パーク・ホテル落成. パラマウント・ホール開店
1934	グランドシアター落成
1935	映画『風雲児女』主題歌「義勇軍行進曲」ヒット（のちの中国国歌）. 上海バレエ・リュス結成
1936	1 大新デパート開店. 10 魯迅死去. 12 西安事件. チャールズ・チャップリン上海を訪れる. 高級ダンスホール, シロス開店
1937	7 盧溝橋事件勃発, 日中全面戦争開始. 8 第2次上海事変勃発, 租界は「孤島」に. 11 国民政府, 重慶への遷都を発表. 12 日本軍, 共同租界で「ヴィクトリー・マーチ」を行なう
1938	年末頃からユダヤ難民が続々と上海に到着
1939	9 第2次世界大戦勃発（~45）
1940	1 小牧正英, ハルビンから大連を経て上海へ渡る. 3 汪精衛, 南京に「国民政府」を樹立. 8 上海駐留イギリス軍, 撤収開始
1941	11 上海駐留アメリカ軍撤収. 12 太平洋戦争勃発. 日本軍, 租界進駐
1943	1 日本, 汪精衛政権に租界を「返還」. アメリカ・イギリスも重慶政府と租界返還・不平等条約撤廃に合意. 2 ユダヤ難民を指定地区に隔離. 9 イタリア降伏. 12 朝比奈隆, 上海交響楽団を指揮
1945	5 ドイツ降伏. 6 李香蘭リサイタル「夜来香ラプソディー」. 8 日本がポツダム宣言受諾, 終戦. 租界は名実ともに中国側に返還される. 12 日本人居留民の帰国開始
1946	5 国民政府, 南京に遷都. 7 国共内戦開始. ユダヤ難民の渡米開始
1949	5 共産党軍, 上海を「解放」. 10 中華人民共和国建国
1950	3 アメリカ駐上海総領事館閉鎖. 6 朝鮮戦争勃発
1951	12 三反・五反運動開始

上海近現代史略年表

1874	5 第1次四明公所事件. 最初の人力車, 日本から輸入される
1879	9 聖ジョンズ書院（のちの聖ジョンズ大学）設立. 上海パブリックバンド設立
1882	2 初めての電話を設置. 7 電気による街頭照明開始
1883	5 共同租界で上水道サービス開始
1884	6 清仏戦争勃発. フランス租界は一時的にロシア領事館が管理（~85.6）
1894	8 日清戦争勃発（~95）
1895	4 下関条約（馬関条約）締結, 以後開港場における外国資本の工場が激増. イザベラ・バード, 上海を訪れる
1896	8 徐園で中国初の映画上映
1898	7 第2次四明公所事件
1899	5 英米共同租界が国際共同租界と改称. イギリス, 長江流域を「勢力範囲」とする. アメリカ, 中国の「門戸開放」政策を提起
1904	2 日露戦争勃発（~05）
1905	5 アメリカの中国人移民排斥政策に抗議して, アメリカ製品ボイコット運動起こる. 12 会審公廨事件
1908	3 共同租界, 5 フランス租界で路面電車の運行開始. スペイン人ラモス, 中国初の映画館, 虹口大戯院を設立
1911	10 辛亥革命始まる
1912	1 中華民国臨時政府が南京に成立（臨時大総統に孫文）. 上海県城の城壁撤去, 外濠の暗渠化が始まる. 2 清朝滅亡
1913	3 内山完造, 上海に渡る
1914	7 第1次世界大戦勃発（~18.11）. 中国は局外中立を宣言
1915	1 日本, 中国に「二一ヵ条要求」を提出. 上海の総合娯楽施設「新世界」開業
1916	12 洋涇浜クリークを埋め立てた愛多亜（エドワード）路が完成
1917	8 中国, ドイツ・オーストリアに宣戦布告. 7 総合娯楽施設「大世界」がフランス租界に開業. 10 先施デパート, 南京路に開店. 内山完造, 内山書店を開業. ロシア革命により, 白系ロシア人の流入が始まる
1918	9 永安デパート開店
1919	5 北京で五四運動開始, 上海でもデモ行進, ストライキなどの闘争拡大. 10 孫文らが中華革命党を改組・改称して中国国民党が成立. サマセット・モーム, 初めて中国を訪れる
1921	7 中国共産党の第1回全国代表大会, フランス租界で開催される
1922	1 上海パブリックバンド,「工部局交響楽団」と改称. 3 中国初の本格的映画会社, 明星影片公司, 共同租界で設立. 12 スタルク艦隊事件
1923	2 日本郵船, 長崎・上海航路の運航開始. 3 村松梢風, 初めて上海を訪れる. 6 香港上海銀行, バンドの新社屋で業務開始

上海近現代史略年表（本書で扱った内容を中心にまとめた）

年	出来事
1832	6 イギリス東インド会社のリンゼイ，上海に上陸
1834	イギリス政府，東インド会社の独占的貿易権を廃止
1840	6 アヘン戦争勃発（~42）
1842	6 イギリス軍，上海占領．8 南京条約により，上海開港が決定される
1843	11 イギリス初代駐上海領事バルフォアが着任，開港宣言
1844	7 清朝がアメリカと望厦条約，10 フランスと黄埔条約を締結
1845	11 イギリス租界設置（第1次土地章程公布）
1846	12 道路埠頭委員会が組織される
1848	アメリカ租界設置（道台による口頭承認）
1849	4 フランス租界設置
1850	8 中国初の英字新聞『ノース・チャイナ・ヘラルド』創刊．最初の競馬場開設
1851	1 太平天国の乱始まる
1853	9 小刀会が上海県城を占拠（~55.2）．租界防衛のための義勇隊が組織される
1854	7 第2次土地章程制定，中国人の租界居住を認める．道路埠頭委員会が解散，参事会が組織される
1856	10 第2次アヘン戦争（アロー戦争）勃発（~60）
1858	6 清朝，ロシア・アメリカ・イギリス・フランスと天津条約を締結
1860	8 太平天国軍の第1次上海攻撃．10 清朝，イギリス・フランスと北京条約を締結
1862	1 太平天国軍の第2次上海攻撃．4 フランス租界が独自の行政機関（のちの公董局）を設立．6 高杉晋作ら，千歳丸で上海を訪れる．3代目競馬場開設
1863	9 英米両租界が合併，共同租界に
1864	上海クラブがオープン．上海フィルハーモニック協会設立
1865	3 フランス租界と共同租界でそれぞれ初の人口調査を実施．4 香港上海銀行上海支店開業
1866	9 アマチュア演劇クラブ設立
1868	8 パブリックガーデンがオープン
1871	9 日清修好条規締結．香港経由でロンドンまでの電信が開通
1872	2 日本が駐上海総領事館を開設．4 イギリス人メイジャーにより中国語新聞『申報』創刊
1873	1 中国人による初の汽船会社，上海輪船招商局設立

榎本泰子（えのもと・やすこ）

1968（昭和43）年東京生まれ．東京大学文学部国文学科卒業．東京大学大学院総合文化研究科博士課程修了（比較文学・比較文化専攻）．同志社大学言語文化教育研究センター助教授を経て，現在，中央大学文学部教授．学術博士．

著書『楽人の都・上海　近代中国における西洋音楽の受容』（研文出版，1998年，サントリー学芸賞，日本比較文学会賞）

『上海オーケストラ物語　西洋人音楽家たちの夢』（春秋社，2006年，島田謹二記念学藝賞）

訳書『君よ弦外の音を聴け　ピアニストの息子に宛てた父の手紙』（傅敏編『傅雷家書』の抄訳，樹花舎，2004年）

上海《シヤンハイ》　2009年11月25日発行

中公新書 *2030*

著　者　榎本泰子

発行者　浅海　保

本文印刷　三晃印刷
カバー印刷　大熊整美堂
製　　本　小泉製本

発行所　中央公論新社
〒104-8320
東京都中央区京橋 2-8-7
電話　販売 03-3563-1431
　　　編集 03-3563-3668
URL http://www.chuko.co.jp/

Published by CHUOKORON-SHINSHA, INC.
Printed in Japan　ISBN978-4-12-102030-7 C1222

中公新書

世界史